これからの日本、経済より大切なこと

池上 彰 著
ダライ・ラマ法王14世 著

飛鳥新社

はじめに
—私たちの世代の矛盾—

大きな家に住めるようになったのに、家族は減ってしまった。
便利にはなったけれど、時間に追われている。
立派な学位を持てても、分別を失い、
知識は増えても、判断力は鈍ってしまった。
専門家と呼ばれる人は多くても、問題は増え続け
薬はたくさんできたのに、不健康になっている。

月に行くことができるようになっても、
通りを渡って新しい隣人に挨拶することには苦労している。

情報を集積するコンピュータを大量に生産し、
製品を沢山作ることはできても、
コミュニケーションはうまくとれない。
大量の商品を作ることができても、品質は下がる一方だ。

ファーストフードで時間を節約しても、消化する力は衰え、
立派な身体であっても、心は貧しい。
急激な利益を得ても、うわべだけの人間関係になってしまった。

外から見ると豊かであっても、中身は空っぽ。
そんな時代である。

ダライ・ラマ法王14世

Translation by Fumi Karasawa

The Paradox of our age
His Holiness the 14th Dalai Lama

We have bigger houses but smaller families;
more conveniences,but less time;
We have more degrees,but less sense;
more knowledge,but less judgement;
more experts,but more problems;
more medicines, but less healthiness.

We've been all the way to the moon and back,
but we have trouble crossing the street
to meet the new neighbour.

We built more computers to hold more
information to produce more copies than ever,
but we have less communication;
We have become long on quantity,
but short on quality.

These are times of fast foods but slow digestion;
Tall man but short character;
steep profits, but shallow relationships.

It's a time when there is much in the window,
but nothing in the room.

目次

第三章 お金について

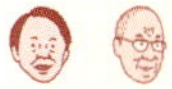

第四章 物質的価値について

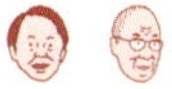

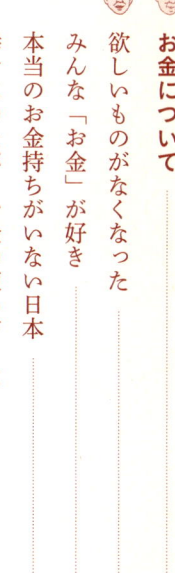

第五章 仕事について

第六章 日本について

編集協力　長田幸康
イラスト　寺田晶子
協力　ダライ・ラマ法王日本代表部事務所
（チベットハウス・ジャパン）
http://www.tibethouse.jp/
アートディレクション・装丁　おおうちおさむ
本文デザイン　伊藤 絢
（ナノナノグラフィックス）

狭いながら地価が高いことで有名な日本の大都市、東京。新宿の高層ビル街を見下ろす。中央には東京都庁が見える。

Photo/Karen Kasmauski/National Geographic/Getty Images

第一章

経済について

経済成長の限界

何年も前、日本の経済が低迷し続けていた頃、私は皆さんにお話ししました。経済成長には限界がある、と。遅かれ早かれ、経済はそれ以上の成長が望めないところに達します。それは、今あなたがおっしゃった通りなのです。

日本のみならず、世界全体の経済も難しい状況に直面しており、それも日本の経済に非常に大きな影響を与えています。しかし、この経済危機もまた、ある部分では私たち人間のものの考え方に関連していると私は思います。

全体的なものの考え方をすることができないため、その場限りの利益を追求することしか考えず、長い目で見るとどういう結果になるのかということを考えていないのです。こういうことはできるだけ避けなければなりません。

心の豊かさを重視する

日本はアジアで最も経済発展や産業発展が進んだ国ですし、非常に裕福で進歩的な生活を送っています。民主主義がきちんと機能していて、自由な言論が保証されている国家という意味でも、諸外国から信頼が篤いところでしょう。

しかしこの間、精神や心の豊かさは、経済や産業ほど重視されてこなかったように思います。これは日本に限らず他の先進国にも共通の話題です。

性能のいいコンピュータを作れば生活は便利になりますが、心は穏やかになることはありません。日本のカメラも大変性能がよく、体内を映す医療カメラまで発明されていますが、それでも心の状態を映し出すことはできません。

欲望の果ての歪み

今もEUで金融危機が起き、ヨーロッパだけでなく世界全体を巻き込む事態になっています。これも元をたどれば、凄まじい欲望の果てに生まれた巨大な経済システムの歪みではないでしょうか。

おおよそ普通の生活で必要のない巨額の金を動かし、財産を少しでも増やそうと目の色を変えている。その背景には、お金があれば欲望は何でも満たされる、より深い幸福感が待っている、そんな呪縛があるのです。

そうやって一部に莫大な財産が集められれば、貧富の差も広がります。こんなに豊かな世界がある一方で、食べるのに困って餓死する人がいるというのは、本当におかしなことでしょう。

まさに欲望に駆り立てられた社会の腐敗、人間の堕落の象徴ではないでしょうか。

経済の繁栄と心の平和

商売をしたり、発展させてはいけないと言う気はありません。経済的成功はよいことです。自分にとって、他人にとって社会にとってよいことです。

しかし経済は、人間の価値を犠牲にして繁栄すべきではありません。公正な行ないにとどまるべきであって、利益のために内面の平和を犠牲にしてはなりません。

あくなき欲望が不満を生む

快適さや経済的な成長はひたすら欲求不満を生み出すばかりなのだ、諸悪の真の根源とは、実は私たちのあくなき欲望なのだということ。

それは、ただ一人ひとりの個別な経験によってのみ、知ることができるのです。

お金が最も重要になった

工業、商業、流通によって、お金が、私たちがすでに語り合ったあの紙切れが、私たちの人生の最も重要な部分を占めるようになってしまったし、おかげで私たちはすっかり弱い存在になっています。

私はそこに、現在の経済システムには一つの深刻な欠点があるという兆候をはっきりと見出します。

こういう状況だから、アメリカ経済がくしゃみをすれば、世界中が風邪をひいてしまうんです。これが、私たちが今ある現状なんです！

経済を人間らしくする

そのうちには経済システムそのものがついには危機を迎えることになります。

経済を「人間らしく」することこそ重要だ、と私は思います。だからこそ、世界全体と来るべき数十年を視野に入れて考えようではありませんか。

金融や商業に関わる人々の誰もが、自分の責任に目覚めていなければいけませんし、他者への思いやりに基づいて、世界全体の幸福のために思考していかなければなりません。

1960年代の日本。椅子やテーブルなどを置き、洋風化された室内。家事は妻が担当し、夫は新聞を読みながらのんびりと休日を過ごす。

Photo / Winfield Parks / National Geographic / Getty Images

厄災を生む経済システム

この数十年の間、たくさんの科学者たちが、核の研究に参加しました。はじめ、科学者たちはおそらく、原子爆弾をつくるつもりもなければ、多くの罪のない命を奪うつもりもなかったのでしょう。しかし、それこそが、彼らの研究のもたらしたまぎれもない結果なのです。

同じように、現在の経済システムも深刻な厄災を次々と生み出している、と私は思っています。私たちは、また同じ過ちを繰り返そうとしているのです……。わかりますか？

恵まれていても欲求不満

二十世紀という世紀は、ほんの三世代にすぎませんが、人類の歴史全体からみても、驚くような速度で次々とさまざまな事件が起こりました。何か大切なものが欠けているのではないか、と気づいている人は、どんどん増えています。

一般的にいって、大きな経済的発展を遂げた先進国に、よりこうした意識が広がっているようです。こうした国の人々は物質的には恵まれてとても快適に暮らしているのですが、精神的な欲求不満を抱えています。

自滅と崩壊への道

いくら欲望が満たされても本当の「幸せ」にはたどり着けない。それはもう二十世紀に歴史が証明してくれました。

欲望を追求し、人と争い、挙句の果てに戦争まで起こしても、私たちは幸せになるどころかますます苦しくなり、世界は最も悲惨な姿になってしまった。欲望を追求した先は、幸せどころか自滅と崩壊の道につながっていったのです。

二十一世紀を生きる私たちはこの失敗を認め、誤った認識を正していかなくてはいけません。これまで当たり前だと思っていた価値観を見直し、平和な世界を築く必要があります。それはこの地球に住む全ての人間の責任なのです。

社会主義の有効性

二十世紀の初めには、マルクスやレーニンの信奉者たちが、全体主義的な体制によって人類を変えることができると信じていました。今ではその考えが誤りだったことは、誰もが認めています。

それから、ある人々は、社会主義が人間の抱える問題の全てを解決するのに一番よい方法だと考えていましたが、これもまた、すでにうまくいかなくなっていますね。

個人的には社会主義の有効性についてはまだ信じているところがあります。ソビエト連邦の崩壊はマルクス主義の崩壊ではなく、マルクス主義的全体主義体制の崩壊です。

財産で苦しみは減らない

チベット——そこは昔から物質的にはひどく貧しい国でした——から外の先進世界を見ていたとき、事実私は、財産が苦しみを大きく減らしてくれるのではないかと考えていました。財産の力を過大評価していたのです。

また、進んだ産業国家に暮らしている人のほとんどは、もっと厳しい状況下に暮らしている人よりも肉体的な苦しみがずっと少ないのだから、それだけで簡単に幸せをつかめるだろうとも思っていました。けれども実際には、科学やテクノロジーの驚くべき発達も、ほとんど数字の上での進歩にしかなっていないようです。たいていの場合、進歩の度合を測るものと言えば、どれだけ都市が増え、そこにどれだけ立派な家が建ち、その間をどれだけ自動車が走っているかを示す数字だけなのです。もちろん、ある種の苦しみは減っています。確かに一部の病気などはなくなりました。けれども、あらゆる苦しみが減ったわけではないと私には思えるのです。

経済学者はお金持ちになれない

私が「経済」というものを意識したのは、小学生のときでした。

ごく普通の公立の小学校でしたから、クラスにはお金持ちの息子もいれば、本当に貧しい家の子もいます。中には学校に来るのがやっとで、ろくに食べるものもないため、空腹のあまり授業中に吐いてしまう子さえいました。

なぜ、こんなに差があるのだろう？　子供心に不思議に思ったものです。今、思い返せば、あの頃身近にあった「格差」への不条理感が、経済学に興味を持つきっかけだったようです。

経済学というのは、経済の仕組みを学ぶことによって、よりよい社会をつくり、人々を幸せにするための学問。高校生になり、大学への進路を選択する頃には、そう思っていました。

自分がお金持ちになるためなら、経営学部や商学部を選んだでしょう。あいにく経済学はお金持ちになるための学問ではありません。実際、歴史上、お金持ちになれた経済学者は[*1]ジョン・メイナード・ケインズだけだと言われています。日本では竹中平蔵さんぐらいではないでしょうか。まあ、これは冗談ですが。
この世の中をつくっている経済って何だろう？
あくまで経済の仕組みを知りたくて、私は経済学部という道を選んだのです。

日本経済が長い間低迷する中で、改めて経済のことを考える人が増えてきたように思います。「失われた二十年」と言われるほどの長期停滞。人々は再びの経済成長を求めます。そこで思い出されるのが、法王の次の言葉です。
「経済成長には限界がある」（P10）
「経済は、人間の価値を犠牲にして繁栄すべきではありません。（中略）利益のために内面の平和を犠牲にしてはなりません」（P13）

＊1　ジョン・メイナード・ケインズ（1883〜1946年）　イギリス出身の経済学者。1936年出版の『雇用・利子および貨幣の一般理論』（東洋経済新報社）によって独創的な経済理論を形成した。

経済学は幸せにつながっているか？

私が大学で学んだ頃、経済学は大きく「マルクス経済学」と「近代経済学」に分類されていました。マルクス経済学はカール・マルクス[*1]の著作『資本論』[*2]から展開された経済学です。このマルクス経済学が主流であった時代に、マルクス経済学以外を「近代経済学」と総称しました。

今では、マルクス経済学は廃れてしまい、科目としてはほとんど残っていません。一方、近代経済学という呼び名もなくなり、「マクロ経済学」[*3]と「ミクロ経済学」に分かれています。

マルクス経済学は、資本主義が引き起こした問題点を指摘しました。たとえば、経済活動を市場に任せておくと、巨大な資本家の独占が進み、労働者は搾取される一方です。実際、十九世紀のヨーロッパ、特にイギリスでは労働者は悲惨な状況に置かれていたのです。

資本主義社会では、生産性を高めるために機械化が進み、失業者が増え、格差が広がりやすくなります。景気の波によっても失業者が生まれます。今も資本主義が抱えている矛盾や問題点を、マルクス経済学はかなりの程度まで説明できるのです。

カール・マルクスは資本主義の欠陥を正し、労働者が主役となって平等な社会をつくる社会主義を唱えました。彼の理論によってソビエト社会主義共和国連邦(ソ連)や中国をはじめとする社会主義国家が次々に誕生しました。しかし、ソ連が崩壊し、社会主義の国々のほとんどが資本主義に戻りました。社会主義は資本主義を超えようとした理想論でしたが、実際にはうまくいかなかったのです。

これについて、法王はこう述べています。「二十世紀の初めには、マルクスやレーニンの信奉者たちが、全体主義的な体制によって人類を変えることができると信じていました。今ではその考えが誤りだったことは、誰もが認めています」(P20)

社会主義経済では、すべてを計画的に生産する計画経済のため、自由な競争が起こりません。平等が建前ですから、一生懸命働いても豊かになれるわけではありません。人々は積極的に働く意欲を失い、経済が停滞してしまいました。さらに共産党の一党独裁という体制ゆえに、人々の自由も奪われていったのです。

マルクス経済学は資本主義の問題点を正しく指摘しながらも、人々を幸せにすることができず、廃れてしまったのです。

＊1　**カール・マルクス**（1818～1883年）　ドイツ出身の経済学者、哲学者。資本主義体制を批判し、社会主義運動のために尽くした。

＊2　**『資本論』**　経済学書。カール・マルクスの主著。資本主義社会の解明を目的とし、そこから社会主義の必然性を証明しようとした。第二巻、第三巻はドイツの社会主義哲学者のフリードリヒ・エンゲルスが完成させた。

＊3　**「マクロ経済学」と「ミクロ経済学」**　近代経済学の考え方。マクロ経済学は国家や国民、市場といった全体の視点から経済のメカニズムを研究するのに対して、ミクロ経済学は企業や個人などがどういった経済活動をしているのか検討し、分析する。

経済学は時代に合った処方箋

大きな欠陥を抱えた資本主義なんてやめてしまおうというのがマルクス経済学でした。一方、政策によって欠陥を補い、資本主義を改善しようとしたのがジョン・メイナード・ケインズです。

景気が悪くなると、政府が赤字国債[*1]を発行し、道路建設などの公共事業を増やして、経済を建て直そうとします。これはケインズの理論に基づいたものです。今となっては当たり前の考え方ですが、当時は世界中にショックを与えた斬新な理論でした。ケインズがこの理論を生むきっかけになったのは、１９２９年の世界恐慌[*2]でした。ルーズベルト大統領のニューディール政策[*3]もケインズの理論によるものです。

経済学とは、時代ごとの問題に対して出される処方箋のようなものです。

ケインズは資本主義の欠陥を補う処方箋を打ち出し、それによって資本主義は生き延びることができました。不況になったら政府が公共事業を増やして景気をよくするというのが、今では世界の常識になりました。

しかし、ケインズの処方箋も完璧ではありませんでした。政治家たちが自分の選挙区のために公共事業を増やし、借金返済を先送りにしたことから、政府の財政赤字がどんどん膨らんでいったからです。

その弊害により、日本は巨額の財政赤字を抱えることになりました。すでに全国に道路が張り巡らされ、公共事業を行なっても大きな経済効果が得られない状態に陥っています。ついには「ケインズは死んだ」とまで言われています。

しかし、また新たな処方箋が現われます。新自由主義をうたうミルトン・フリードマン[*4]です。大きな政府から小さな政府へ移行し、政府による規制をできるだけなくして経済を自由にすればうまくいくというものです。

日本では、郵政民営化など「小泉構造改革」という形で推し進められました。このとき、派遣労働の自由化が行なわれたことが、リーマン・ショック[*5]後の深刻な派遣切りにつながったのは記憶に新しいところです。

新自由主義では勝ち組・負け組がはっきり分かれる傾向があり、格差社会を進行させることが懸念されています。2011年9月、ニューヨークのウォール・ストリートを占拠したデモの大きな要因は、行き過ぎた新自由主義への反発です。

フリードマンの処方箋もまた完璧ではありませんでした。それどころか、大量の失業者や格差社会という、まさにマルクスが指摘した通りの状態を生み出しています。実際、近年存在感の薄かったマルクスを再評価する動きもあるほどです。

＊1　**赤字国債**　国が国の赤字を補填するために発行する債券。

＊2　**1929年の世界恐慌**　世界的規模の経済恐慌。アメリカ・ニューヨーク株式市場での株価の大暴落から始まり、世界全体に蔓延し資本主義経済を脅かした。

＊3　**ニューディール政策**　1929年に始まった世界恐慌を克服するため、アメリカの大統領、フランクリン・ルーズベルトがとった政策。政府が積極的に市場経済に関与する政策へと転換していった。

＊4　**ミルトン・フリードマン**（1912〜2006年）　アメリカ出身の経済学者。財政政策より通貨政策を重視し、新自由主義の旗手とも言われた。

＊5　**リーマン・ショック**　2008年、アメリカの投資銀行、リーマン・ブラザーズが破綻したことをきっかけに、世界的に金融危機の状態に陥ったこと。

それでも経済学は進歩している

その時代ごとの問題に対して処方箋が出されるものの、新たな問題が生まれてしまう。神ならぬ人間の営みですから、当然かもしれません。医療の発展でも同じです。画期的な新薬が開発されたと思ったら、思わぬ副作用が発生し、また新たな薬がつくられる。そう繰り返しながら発展してきたのです。

ただし、科学技術分野とは異なり、経済活動には人の心理という、予測しづらい要素が加わります。経済学では、合理的な行動をする人間をモデルとして考えますが、ご存じの通り、人は合理的な行動をするとは限りません。たとえば、まったく同じ値段の商品が売られていても、気分や流行、その場の雰囲気や印象によって、必ずしも同じものを買うとは限らないのです。

それでも、経済学は過去から学んで進歩し続けています。

少なくとも１９２９年のような世界恐慌は繰り返し起こってはいません。確かにリーマン・ショックやユーロ危機は深刻ではありますが、各国が協調して世界中が破壊的な打撃を受けるのを避ける体制ができています。

今、起こっている問題に対しても、きっと新たな処方箋が登場することでしょう。それは資本主義の枠組みの中から出てくるかもしれませんし、マルクス経済学の一部が脚光を浴びるかもしれません。あるいは、ダライ・ラマ法王のような、違った見地からの提言にヒントがあるかもしれません。

ダライ・ラマ法王は共産主義者？

　ダライ・ラマ法王は、

「現在の経済システムには一つの深刻な欠点があるという兆候をはっきりと見出します」（P15）

「遅かれ早かれ、経済はそれ以上の成長が望めないところに達します」（P10）

「経済システムそのものがついには危機を迎えることになります」（P16）

など、現在の資本主義の限界を指摘されています。

　また、

「お金が、（中略）紙切れが、私たちの人生の最も重要な部分を占めるようになってしまったし、おかげで私たちはすっかり弱い存在になっています」（P15）

といった指摘はマルクスの『資本論』を思い出させます。人間が生み出したお金や物をまるで意志を持つ神のようにあがめて、それに支配されてしまう。これは『資本論』にある「物神論」という考え方です。

　資本家一人ひとりは、人間としていろいろな思いを持っていたり、労働者のこと

日本が工業国へと成長した象徴でもある、大阪に建設された日立造船の巨大タンカーの建造現場。1970年。

Photo / Thomas J. Abercrombie / National Geographic / Getty Images

を思いやっていたりしたとしても、企業を維持し発展させることを優先せざるをえない。結果として、お金の奴隷になってしまう。マルクスはそのメカニズムを説き明かしました。

ダライ・ラマ法王は共産主義を標榜する中国に国を奪われ、今も亡命の身にあります。しかし、1954年に北京で毛沢東と会見した当時のことを「私は一時、本当にコミュニスト（共産主義者）になっていた」と言っています。その後、毛沢東の真意を見抜き、チベットの地を離れ、インドに亡命するのですが。

法王の発言は、あながち冗談でもなく、資本主義に対してさまざまな問題意識を抱いているという点で、昔も今も、マルクス主義の理想に共感しているのは確かでしょう。ただし、問題意識は同じであっても、処方箋はまったく違ったものになるはずです。

マルクスは資本主義を批判しましたが、あるべき社会主義像を示しませんでした。結果として、『資本論』を読んだレーニンやスターリン、毛沢東らは、資本主義経済や自由経済を排することに血道を上げ、全体主義へと突き進みました。そこには民主主義がありません。ただし、資本主義だからといって、必ずしも民主主義が成り立っているとはかぎりません。

たとえば、スハルト元大統領時代のインドネシアや、リー・クアンユー首相時代のシンガポールのように、開発独裁[*1]と呼ばれる資本主義の形もあります。途上国が先進国に追いつく過渡期としては有効のようです。市場経済導入後の中国も、広い意味で開発独裁にあたるでしょう。

イギリスのウィンストン・チャーチル元首相は、こんな言葉を残しました。

「民主主義は最悪の政治形態と言うことができる。これまでに試みられてきた民主主義以外のあらゆる政治形態をのぞけばだが」

つまり、民主主義は欠陥も多いけれども、今のところ人類が到達した最善の政治形態という意味です。資本主義にも欠陥は多いのですが、やはり現時点では最善の経済形態であり、改善されながら発展していくのでしょう。

＊1　**開発独裁**…経済発展の途上にある国で、国内の開発や経済発展を優先させる立場から、独裁政治を行なうこと。

ブータン方式とデンマーク方式

国民が幸せを感じている国の代表格といえば、ブータンとデンマークでしょう。ブータンは国民総幸福[*1]（ＧＮＨ）を国家の指標として打ち出しています。チベット仏教に基づく「足るを知る」という精神性が広く浸透していて、物質的な豊かさを追い求めないため、幸せを実感できるのです。

一方、デンマークは福祉国家として知られています。子供の教育費は幼稚園から大学まで無料。大学生には奨学金までが支給されます。医療費もすべて無料ですし、年金も充実しています。とはいえ、資本主義システムですから、頑張れば給料は上がります。何かに備える必要がないため、貯金はごくわずかでいいそうです。貯め込まずに消費に回せるため、経済も活性化します。そのかわり、消費税が25％もかかります。

生活必需品だからといって軽減税率はありません。所得税率も高く、自動車には１８０％もの登録税がかかります。国会議員も自転車通勤しているため、国会議事堂前に巨大な駐輪場があります。消費税率は１９６０年代から少しずつ上げてきたそうです。

これほど税負担が重いからこそ、国民は税金の使い道には非常に敏感です。選挙の投票率が８割を切ったことがありません。大学生が集まって酒を飲みながら開票特番を見ているそうです。みんなが投票に行くからこそ、自分が投票した人が当選するかどうかで盛り上がれるんですね。羨ましく思います。

国の医療費を安く抑える仕掛けとして、国民全員にホームドクターがいます。ちょっとした病気で大病院に行かないように、まずはホームドクターに見てもらいます。私が取材に行った際も、ある人が、体の節々が痛かったためホームドクターに見てもらったところ、「筋肉痛ですね。帰って寝てれば治りますよ」と言われるだけで、薬は一切出ませんでした。手におえない重病に限って、大病院に紹介してもらいます。ホームドクターが医療費高騰を抑えるハードルの役割を果たしているのですね。きわめて合理的です。

日本の資本主義も多くの問題を抱えています。どんな処方箋が日本人に合っているのでしょうか？

いろいろな国々で感じた中で、デンマーク方式が日本人の幸せ観に近いと私は思うのですが、長期的なビジョンとリーダーシップなしには実現は難しそうです。たとえばホームドクターが薬を出さずに、「帰って寝ていなさい」などと言って、患者は納得するでしょうか。ここで思い出すのが、法王の次の言葉です。

「快適さや経済的な成長はひたすら欲求不満を生み出すばかりなのだ、諸悪の真の根源とは、実は私たちのあくなき欲望なのだということ」（P14）

＊1　**国民総幸福**　国民の幸福度を示すとされる指標。国民一人ひとりの幸福度を高めることで国全体の幸福度を高めていこうという考えから、1972年、ブータン王国で初めて調査された。

第二章

格差について

持ち過ぎる者と持たざる者

もしあなたが金持ちなら、あなたも人間であり、この点に関して貧乏人と変わらないということを自覚しなさい。あなたは内面的な幸福の豊かさを必要としており、この幸福はお金で買えるものではありません。

現時点では、持ち過ぎる者と何も持たない者との間に、深淵が広がりつつあります。最近20年間に少なくとも５００人が、新たに億万ドル長者になりました。１９８２年には12人しかいませんでした。彼らのうち、１００人以上がアジア出身です。

共産主義のような壮大なイデオロギーは、金持ちの持てる富を共有財産にすることに、完全に失敗しました。今、人類は自ら、共有する必要性を自覚しなければなりません。

国家間の格差

私は、この世界にはお金が足りないのではないか、と思っています。お金はもっとあるべきです。貧しい国と豊かな国の間にある格差は、単に論理的な不正であるだけではなく、現実的な視点から見ても、受け入れがたい非常識であり、数え切れない問題の根源です。

ヨーロッパの国々のような先進国を見てください。職を求め発展途上国から人々が押し寄せています。フランスやイギリスやドイツにいるイスラム教徒の大部分は、何よりも職を求めてやってきた人たちです。イスラム系移民の人口がどんどん増えるにしたがって、地元の人たちは不安な気持ちを抱き始めます。実際、この問題は経済的格差から発生しているのです。

北アフリカ諸国やトルコの経済が正しく発展すれば、それらの国々の人たちは幸せに祖国にとどまることができるでしょうし、誰も海外に移民しようと思わないでしょう。この経済的格差が広がるのを放置すればするほど問題は増えていくのだ、ということを考えていかなければなりません。

自国内の格差

貧しい国々はもう少し努力しなくてはいけません。私は、中央アフリカのガボン共和国を訪ねたことがあります。皆さんがこの国々の大地はとても豊かだ、と言っていました。

しかし、私の目に映ったのは、怠惰に過ごす普通の人々の姿と、西洋で教育を受けたごくわずかなエリートたちが国家を牛耳る姿でした。つまり、問題は先進国と発展途上国の間の格差だけにとどまらないのです。

発展途上国そのものが、西洋をまねる少数の富裕族と、着るものにも事欠いて食べるために国を出ざるを得ない残りの人々に分離するという、自国内の大きな格差に苦しんでいるのです。

貧富の差

今日のもう一つの深刻な問題は、貧富の格差です。このアメリカという立派な国で、皆さんのご先祖は、民主主義、自由、平等、全市民に対する機会の平等といった概念を確立されました。これらは皆さんの素晴らしい憲法によって守られています。

しかし、この国の中では億万長者の数が増えている一方で、貧しい人はいつまでも貧しいままです。さらに貧しくなっている人びともいます。これはたいへん不幸なことです。

地球規模で考えても、豊かな国と貧しい国があります。これもたいへん不幸なことです。道徳的に誤っているだけでなく、現実にも社会不安ともめ事の原因になっています。その影響はいずれ私たちの身に降りかかってくるでしょう。

依存と無関心

地球上にこれだけたくさん人がいるのに、一人ひとりは自分しか見えません。

食べるのにも、着るのにも、社会における地位を得るのにも、有名になるのにも、他人に依存しているのに、これだけ緊密に関わりのある人を敵と見なします。

これは驚くべき矛盾ではありませんか。

高貴な考えと富

高貴な考えのほうが、富よりもずっと大切です。

だから、頭脳があり、人間の身体がある以上、たとえ貧乏でも、必須なものはそなわっており、元気をなくしたり、自分の殻に閉じこもったりする必要はありません。

インドで、自分たちの権利を認めてもらうために闘っている下級カーストの人たちに、私は言います。私たちは全員人間で、同じ可能性を持っているのだから、貧しいからといって、他のカーストから排斥されているからといって、勇気をなくしてはいけません、と。

幸福を望み苦しみを避ける

人間はどんな環境にいようと、金持ちだろうと貧乏だろうと、教育があろうとなかろうと、あるいは人種や性別や宗教が異なろうと、皆、幸せを望み、苦しみを避けようとしているのです。

私たちの意図的な行動の全て、ある意味では人生そのものは、人間誰しもが抱えている大きな疑問に対する、その人なりの答えなのではないでしょうか。

人間は皆、与えられた環境という制約の中で、「どうしたら幸せになれるのか」と問いながら、自分の生き方を選んでいるのではないでしょうか。

豊かさの背景にあるもの

豊かな人が豊かでいられるのは、貧しい人をなおざりにしているからだと言って間違いではないと思います。国際的な債務などは、豊かな国を支えている手段のいい例でしょう。

三人に一人は非正規労働者の時代

「経済」という言葉は、明治維新以降に日本でつくられました。それまで経済という言葉はなかったのです。

欧米から入ってきた「エコノミー」に対応する日本語を考えたとき、浮上したのが中国の古典に登場する「経世済民」[*1]でした。もともとは経済活動に限らず、世を治め（経世）、民を救う（済民）という幅広い意味です。この「経世済民」から「経済」という言葉が生まれ、「エコノミー」の訳語として定着していったのです。

つまり、経済学は、どのように世を治め、民を救うかを考える学問と言えます。具体的には、資源の最適配分を考えることが経済学の使命です。

石油や天然ガス、鉄鉱石といった天然資源は有限です。土地や水資源といった形のあるものから、人的資源、観光資源、電波資源といった形のないものまで、すべての資源には限りがあります。こうした限りある資源をどのように分配すれば、みんなが幸せになれるかを考えるのが、経済学の大切な役割なのです。

国家権力の手先
トロツキストを
一掃しよう

先鋭化する学生運動。毛沢東主義を唱える京都大学の学生たちが校舎の前でデモ集会を開く。時計台にはチェ・ゲバラの肖像が掲げられた。1970年。

Photo / Thomas J. Abercrombie / National Geographic / Getty Images

ところが、実際の経済活動となると、理想通りにはいきません。自由な競争が許されている限り、誰もが自分や身内の幸せを最優先して、資源を確保しようとするのが人の性です。地球規模では、先進国と発展途上国の間の格差はますます拡大しているように見えます。

世界の経済を牽引しているアメリカでも、富裕層と貧困層の格差は史上最悪のレベルにまで広がっています。上位10％の世帯の所得が全体の約50％を占め、上位1％の富裕層がアメリカ全体の所得の約20％を手にしています。しかも、富裕層の所得は大きく伸びており、格差は一層広がりそうなのです。

日本でも格差社会という言葉が定着しました。1990年代後半以降、[*2]労働市場の規制緩和が進められ、パートや派遣社員などの非正規雇用の労働者が増えたことで、[*3]ワーキングプアと呼ばれる新たな貧困層が急増しました。今では働いている人の三人に一人は非正規労働者となっています。安倍政権になって打ち出されたアベノミクスによって雇用は増えていますが、その多くは非正規雇用です。その結果、2013年前半の雇用者の平均基本給は下がってしまいました。

社会の高齢化も、貧困層の拡大に拍車をかけています。高齢になると、一般に収入は減りますし、体をこわして働けなくなることもあります。年金でギリギリの生活を送る高齢者が増えています。

一方で、リーマン・ショック以来低迷していた百貨店では、高級時計や宝飾品の売り上げが好調です。高級車や高級マンションもよく売れています。消費意欲の旺盛な富裕層が生まれているのは確かなようです。

一億総中流はすでに過去の話になりました。高度経済成長期のように、みんなで平等に豊かになれる時代ではありません。中間層から移行した下流が厚くなり、格差社会が本格化しているのです。

私は一億総中流の真っただ中で生きてきましたが、これから社会の中心になるのは、「物心ついたときには格差社会だった」という人たちです。私が東京工業大学で教えているのが、まさにこの世代です。格差があるのが当たり前という日本で育った人たちが、この国の将来像をどう描いているのか。これからも学生たちから学んでいきたいですね。

＊1　**経世済民**　世の中を治め、人民の苦しみを救うこと。
＊2　**労働市場の規制緩和**　労働力が商品として取引される市場において決まりが緩和されること。
＊3　**ワーキングプア**　働いていても生活ギリギリに暮らしている貧困層のこと。

日本はもともと格差社会だった

格差が拡大すると、どんな不都合があるのでしょう？　貧しい人々の暮らしが苦しくなるだけではありません。社会全体にも悪い影響を及ぼします。良質な教育を受けるにも、高度な医療を受けるにも、お金がかかります。極端に表現すれば、お金持ちはいい教育を受けて、いい会社に入り、健康で長生きし、その子供にもいい教育や医療を提供できる可能性が高いと言えます。

逆に、貧しい人々は受けられる教育が限られるために、社会で活躍するチャンスも減ってしまうかもしれません。非正規労働者として不安定な生活を強いられていれば、結婚できないという人も多いでしょう。

そもそも同じ人間なのに、とてつもないお金持ちと貧しい人がいるということ自体、道徳観からいっても許しがたいことです。こうした格差が定着し、多くの人が真面目に生きていても報われないという意識を持つようになると、社会全体のモラルが低下しかねません。失業率が高く、不公平・不平等に覆われた社会は、治安の悪化を招きます。

つまり、格差の大きい社会では、貧しい人はもちろん、お金持ちも安心して暮らせないのです。

日本は経済成長によって豊かになり、社会保障を充実させることができました。その結果、多くの人が中流意識を持てるようになり、治安のいい安定した社会を築くことができました。では、高度経済成長期以前はどうだったのでしょう？

歴史を遡ってみると、日本人が平等になったのは、ごく最近の話であることがわかります。日本人は「和」を重んじる国民性であり、みんなと同じことを大切にするとよく言われますが、実は昔からそうだったわけではないようです。

古くは聖徳太子（厩戸皇子）が官僚に対して道徳的な規範を示したとされる十七条憲法[*1]。その冒頭は「和をもって貴しと為し」から始まります。この有名な言葉が、和を重んじる民族という日本人の国民性の裏付けであるかのように紹介されることがありますが、果たして本当でしょうか？　逆に、よほどの不和があったからこそ、憲法の冒頭で、わざわざ「和」をうたう必要があったのではないでしょうか？

その後、朝廷や貴族が支配した時代もありましたし、士農工商の身分制度に縛られた時代もありました。日本史上、生まれながらにして生涯の身分が決まってしまう格差社会のほうが長かったと言えるでしょう。

私が子供の頃にも経済的な格差は歴然としていました。前述のように、経済に興味を持ったのは、同じクラスの中での格差でした。全体が貧しかったのは確かですが、決して平等ではありませんでした。

都市と地方の格差も顕著でした。私が小中学生の頃にも一時、今のような全国学力テストが実施されていました。この時は、都市と地方の学力差が顕著だったのです。ところが今では、都市と地方の差はなくなりました。２０１３年の小学生の全国学力テストの結果は、上から秋田県、福井県、石川県、青森県、香川県の順です。

日本人が格差を感じないようになったのは、高度経済成長期以降のわずかの間に過ぎません。格差の拡大が懸念されている今でさえ、日本が経験してきた長い歴史の中ではるかに格差の少ない時代と言えます。もちろん、だから格差社会も仕方がないと言いたいわけではありません。格差の拡大は認めがたいことですし、社会全体にとっても決して好ましいことではありません。

しかし、日本の平等社会の基盤となっていた経済成長は停滞しています。逆に、格差を広げる原因となる少子高齢化は急速に進んでいます。かつてとまったく同じ形の平等を取り戻すことは、もはやできないのです。昔に戻すのではなく、新しい仕組みづくりが必要でしょう。

＊1　**十七条憲法**　６０４年、聖徳太子が制定した十七ヵ条の条令。和の精神を基とし、儒教・仏教の思想を調和し、図るべき道徳を示したもの。

格差があっても幸せな社会は可能？

自由に競争できる資本主義というシステムのもとでは、さまざまな原因で格差が生まれます。資本主義とは違った経済システムを打ち立て、格差をなくして平等にしようという理想を描いたのが社会主義でした。

しかし、社会主義は理想通りにはいきませんでした。思想は立派だったのですが、実際にやってみたらうまくいかなかったのです。旧ソ連をはじめとする旧社会主義の国々では、すべての権力を握る支配政党の幹部が大金持ちになる一方で、国民は平等に貧しくなってしまいました。

一般の国民のレベルでは格差は少なかったかもしれませんが、けっして幸せな社会ではなかったようです。経済的に貧しかっただけでなく、言論の自由など、人として当たり前の権利まで制限されていたからです。

中国は政治体制としては共産党が支配する社会主義でありながら、市場経済を導入することで経済成長を実現してきました。その結果、都市部と農村、富裕層と貧困層の格差が急速に拡大し、もはや共産党とは名ばかりのものになっています。

では、ある程度の格差が避けられない資本主義の国において、人々が平等感を感じられる社会をつくるには、どうしたらいいのでしょう?

たとえば、アメリカは世界一の経済大国ですが、格差のひどい国でもあります。世界一富の集まる先進国でありながら、底辺でギリギリの生活を送る人々が大勢います。

しかし一方で、アメリカン・ドリームを実現できる社会でもあります。貧困層から身を起こして、富裕層に仲間入りできるチャンスのある社会、チャレンジのできる社会です。もちろん、ごく一部の人ではありますが、努力によって豊かになり、夢を実現できる人がいるのです。ただし、みんながみんな豊かになろうと思っているわけではありません。アメリカン・ドリームなんて絵空事だと思っている人たちも大勢います。

アメリカには国民全員が入る健康保険制度はありませんでした。オバマ大統領がようやく導入しつつありますが、今なお4600万人ものアメリカ人が医療保険に入っていません。個人で民間の医療保険に入る経済的な余裕がない人が多いからです。

ただし、低所得層に対する社会福祉としてメディケイドという医療保険制度があります。出産も含めて、治療費がすべて無料になるため、所得の低い人々にとってはありがたい制度です。

しかし、こうした制度に依存する、向上心のまったく見られない人も大勢います。労働意欲が低く、概して子どもの教育にも力を入れません。すると子供も貧困層から抜け出せないということになりかねません。こうした格差の連鎖が、世界一の経済大国の底辺で起こっているのです。

平等先進国、北欧も試行錯誤している

資本主義でありながら、社会福祉を充実させ、平等な社会を実現している国といえば北欧諸国です。消費税や所得税といった税金をたくさん取る代わりに、教育・医療・年金などの社会福祉を徹底しています。

しかし、全てがうまくいっているわけではありません。いくら国が全ての面倒をみてくれるとはいえ、あまりに税負担が重いと、働く意欲が損なわれてしまうのです。さらに世界的な経済危機などで失業者が増えれば、税収が減り、福祉の水準を保てません。北欧諸国も少子高齢化の問題を抱え、税収の減少と年金支給額の増加によって、制度自体が揺らいでしまう可能性があります。

たとえば、スウェーデンは１９６０年に4・2％の消費税を導入しました。以来、段階的に税率を上げていき、１９９０年には現在の25％としました。手厚い社会保障を実現できた背景にあるのは、強い経済力です。１９７０年代には１人あたりの[*1]国内総生産（ＧＤＰ）がアメリカに次ぐ世界2位に達しました。イケア、Ｈ＆Ｍ、エリクソンなどはスウェーデンの企業です。

スウェーデンではかつて、全ての国民が受け取れる基礎年金は、誰でも一律でした。しかし、１９９９年に制度改革が行なわれ、現役時代の本人の所得に応じて受給額が変わる仕組みが導入されました。つまり、現役時代にきちんと稼げば、その分、自分の年金に反映されるようになったのです。これなら税負担が重くても、将来のために頑張ろうと思えますね。

このように福祉先進国として知られる国々も、短期間で制度をつくりあげたわけではありません。長い時間をかけて試行錯誤しているのです。格差社会に直面したばかりの日本は、より平等な社会に向けてどう舵を取ればいいのでしょう?

頑張れば豊かになれるというインセンティブ（やる気）を維持しつつ、格差を縮めていくということは、結局、所得の再配分の仕組みをいかに整えるかにかかっています。長い目でみると、日本も北欧型の資本主義に近づいていく可能性がありますが、その北欧諸国も今なお試行錯誤しています。

まだ完璧な仕組みをつくった国はありません。しかし、消費税率アップはダメ、年金引き下げはダメ、定年引き上げもダメといった状態をいつまでも続けられないことだけは確かです。

＊1　国内総生産…一国において一定期間に生産された財貨およびサービスの付加価値の総額。市場価格によって評価し、国民所得に比べて算定を正確にしうるもの。

第三章

お金について

お金の重要性

確かにお金はよいものですし、私たちの人生にとって重要なものです。現代では、お金なしに生きることはできません。日常生活を考えてみても、まったくお金なしに日々を生き抜くことは、不可能です。従って、お金の重要性を改めて問う必要もないでしょう。

しかしながら、お金をまるで神のように考えたり、お金そのものに力が宿っていると考えるのは間違っているように思います。お金が全てだとか、必要なものはお金さえあれば手に入れたり達成したりできるとか、私たちが抱えている問題はお金で解決できるとか、そんなふうに考えるのも、もちろん間違っています。

私はこんなふうに考えています。この世の幸福を楽しむために、一番に優先すべきことは、精神と心の平安を得ることです。二番目が健康、三番目に真実の友人、そして最後に富、の順番です。

お金の奴隷

実のところ、私はからかい半分、本気が半分で言っているのですよ。
「確かに、あなた方は貧困から解放されています。でも、お金の奴隷です。
本当のところ、あなた方は決して満足することはないでしょう」とね。

お金を稼ぐ意味

私たちは欲求を満たすためにお金を稼ごうと努力するわけですが、時折、ただ単に「ほら、私はこんなにお金をもらってるんだ」と思う喜びのために、お金を稼ごうとする人もいます。

お金を持っていない人は、悩むことがありません。人は皆、お金持ちの人たちは幸せなんだろうな、目標を達成したのだから満足しているだろうな、と思うものでしょう。

しかし、実に多くの場合、億万長者たちは、お金をさらにたくさん欲しがるようになります。彼らは決して満足することがありません。

街にはまだ銭湯がたくさんあった時代。自宅に風呂がない場合、銭湯に行く機会も多かった。1985年。

Photo / David A. Harvey / National Geographic / Getty Images

金持ちである利点

「私は金持ちだ」と自分に言うのは気持が昂ぶります。エネルギーが湧き、対社会的に良く見られます。しかしそれは、財産を獲得し、それを殖やすのに伴うストレスに、本当に値するものでしょうか。よく家族と社会の一部を敵に回しますし、人から羨ましがられたり、敵意を抱かれます。絶えず不安で、身構えていなくてはなりません。

金持ちである唯一の利点は、他人をより助けることができることです。社会的には、より重要な役割を果たし、より影響力があります。

賢いお金の使い方

　豊かな人はほとんどが、自分の財産の賢い使い方、たとえば贅沢な暮らしをするのではなく、貧しい人に分け与えるといったことを知りません。自分の財産を増やすことばかりで頭がいっぱいになり、他のことを考える余地がないのです。

　自分のことに気を取られるあまり、豊かな人は幸せな世界をつくれるはずなのに、その夢を忘れてしまいます。その結果、常に悩みにとりつかれているのです。

　何が起こるかわからないという疑念と、もっと財産を殖やしたいという願望との間で苦しみもだえ、たとえ外面的には何不自由ない暮らしを送っているように見えても、頭と心はひとときも休まらないのです。

大金がもたらすもの

たとえば大金を手に入れたとしましょう。これが永遠の幸せをもたらすのか、それとも幸せは一時的なものにすぎず、お金だけでは解決できない悩みや問題にたちまち取って代わられてしまうのかは、その大金を得た人次第です。

概して言えるのは、たとえお金が幸せをもたらすとしても、それはお金で買える種類の幸せ、つまり具体的な品物や快適な経験といったものでしかないのです。よく考えてみれば、こうした幸せは皮肉にも苦しみの種になるとわかります。

富より大切なもの

もちろん、富によって健康を支えることもありますし、心の平安や友人も同じです。しかし、たとえば、私たちがチベットから財産もお金もまったく持たずに逃げてきたとき、とにかく生命だけが何よりも大切でした。生命さえあれば、またお金を稼いだり友人をつくったりする可能性もあるのですからね。

ですから、私は、心の平安が何よりも大切だと思うのです。もし心の平安があれば、健康もついてくるでしょう。穏やかな心をもつ人は、よい友人たちを引きつけますし、一般的に見て、幸福な状態にあるということは、お金も引きつけているということです。いずれにせよ、心が平安な人は、お金を正しく使うことができます。

欲しいものがなくなった

私の父は銀行員でした。といってもエリートコースではありません。従って残業はほとんどなく、後で知ったことですが、毎日定時に帰宅し、通訳ガイドの資格を取得するための勉強をして、第二の人生に備えていました。

父は晩婚だったため、私が小学生の頃には銀行を定年退職していました。ですから、育ち盛りの子どもたちを抱えた我が家の生活は、決して裕福ではありませんでした。

小学生の頃、我が家では、パンにマーガリンをつけて食べていました。それがバターだと思い込んでいたのです。が、ある日、バターよりずっと安い代用品だと知りました。将来、パンにバターをたっぷりつけて食べられるような生活をしたい。本気でそう思ったものです。

当時の全国の高校進学率はまだ75％程度。東京でも9割程度でした。全日制高校に進学する余裕がなく、就職して定時制高校に通っている友達も珍しくありませんでした。

そんな中、全日制高校に行かせてもらえたという点で、両親には感謝していました。だから大学受験のときも、とても浪人なんてできません。これ以上親に負担をかけないように、なんとか現役で入れるところを探さなければなりませんでした。

大学在学中は奨学金の給付を受けながら、アルバイトをしていました。大学に通うときに着ていたスーツは、父親のお下がりでした。当時まだ外食産業に食べ放題というシステムがなく、「とにかく腹一杯、肉が食べたい」と夢見ていました。社会人になってからもしばらく、その状態は続きました。

大学を出た後、就職できなかったらどうしようという不安もありました。生活のためにお金は必要ですし、そのためには働かなければならない。そう身に染みて感じていた私の金銭感覚は、ごく一般的だと思います。

20代から40代の間は、人並みに欲しいものがたくさんありました。ところが不思議なもので、50代になると、これといって、欲しいものがなくなってきました。新たに買いたいと思うものなんて、そう多くはありません。

かつてはパンにバターをたっぷりつけて食べたいと思っていましたが、バターが買えるようになった今となっては、「マーガリンのほうが健康にいい」なんて言われています。あれほど食べたかった肉も、年齢的に徐々に食べられなくなってきたりもします。これが年を重ねるということなのでしょうね。

１９８０年代、「ほしいものが、ほしいわ。」という西武百貨店のコピーがありました。糸井重里さんの作品です。欲しいと思えるものがなくなってしまった今、そのコピーが言い得て妙だと実感しています。

ＮＨＫを辞めたのは54歳のときです。

本を書く仕事に力を注ぎたくて、定年前に退職しました。以来、頻繁に海外に取材に出かけたり、本を書いたりといった生活が続いています。

今の私にとって、買い物といえば、本ぐらいです。今さらオシャレがしたいわけでもありませんし、スポーツカーに乗りたいわけでもありません。でも、本だけは昔からいくらでも読みたいのです。学生時代、お金はなかったですが、時間はいくらでもありましたから、ひたすら鉄道で貧乏旅行をしていました。今は時間のほうが切実に欲しいですね。大好きな本を読むための、豊かな時間が。

みんな「お金」が好き

経済学は、人間はみんなが合理的な経済活動をすることを前提にして成り立っています。

品質が同じなら安い品物を選び、価格が同じなら質のよいほうを選ぶ。正当に働いて、収入を増やし、豊かになりたいと考える。それが合理的な経済活動です。

つまり、みんな「お金が好き」「お金が欲しい」に違いない。これが経済学者の共通した考え方です。

あなたもお金が好きなのではないでしょうか？

おいしいものが食べたい。きれいな服を着たい。いろいろなところに旅行したい。あるいはのんびり余暇を過ごしたい。そうした欲望は人間なら少なからずあるはずです。

そのためにお金が欲しいと考えるのは自然なことでしょう。人としての営みを実現し、幸せになるための手段として、私たちはお金を必要としているのです。

しかし、ダライ・ラマ法王もマルクスも指摘しているように、手段であるはずのお金が、目的にすり替わってしまうのです。何かをするためにお金が必要だったのに、お金を得るために、すべてを犠牲にするようになってしまうのです。たとえば、家族の幸せのために働いているはずが、家族と過ごす時間を犠牲にしてまで残業をしていたりなど、本末転倒なことになっていないでしょうか?

確かにお金はたくさんあって困るものではありませんが、もっと欲しいという人の欲望には限りがないものです。お金が好きな私たちは、適度なところでうまくブレーキをかけることがなかなかできません。本来は幸せになるための手段としてお金を欲しがっているうちに、お金の奴隷となって縛られてしまうのです。

日本の場合は、老後への不安という要素も見逃せません。年金や医療といった国の社会保障への信頼が揺らいでおり、お金の形で蓄えておこうという人が多いのです。

かつて100歳以上のご長寿の双子姉妹として国民的アイドルにまでなった「きんさんぎんさん」に、こんな有名なエピソードがあります。メディアから引っ張りだことになり、イベントで獲得した賞金の使い道について問われた際、二人揃ってこう答えたそうです。

「老後の蓄えにします」

もちろん、お二人のユーモアだったのかもしれませんが、日本人のお金に対する慎重な意識をよく表わしている言葉ですね。

使う目的があってお金を貯めているというより、貯めること自体が目的になってしまい、結局、使う日が来ないのです。高齢化が進む中、今や60歳以上の世帯が、日本人の貯蓄額の約6割を占めています。

本当のお金持ちがいない日本

　言うまでもなく、お金をたくさん持っていることは悪いことではありません。お金があることで、かなりの程度まで、個人や社会の幸せが実現できるのは確かです。問題はお金の使い方です。自分や家族のために使う以上のお金を得たときに、それをどう活かすのか？　人としての価値観が大いに問われます。

　マイクロソフトのビル・ゲイツ会長は、２０００年、メリンダ夫人と一緒に「ビル＆メリンダ・ゲイツ財団」という慈善団体を創設しました。２００６年には、世界的な投資家・富豪であるウォーレン・バフェット氏が個人資産３００億ドルを寄付したことでも話題になりました。今も世界最大規模の慈善基金として、健康・教育分野などで活動を続けています。

　世界一の経済大国だけあって、アメリカには膨大な富が集まってきます。とてつもないお金持ちも存在します。一方で、慈善活動などの社会貢献にも、大きなお金が流れています。その背景にはキリスト教的慈善観念が基本にあるのかもしれません。

　日本でもかつては、商売で成功した信徒が寺院に多額の寄進をするといったことは珍しくありませんでした。また、東急グループの五島記念文化財団や、東武鉄道の根津育英会など、教育や文化事業に力を入れてきた組織も少なくありません。最近では、ソフトバンクの孫正義社長が、私財を投じて東日本大震災復興支援財団を設立したのが記憶に新しいところです。成功したら社会に還元するという姿勢は古今を問わず、企業家の見識として重視されてきました。

ただ、アメリカほど、お金持ちによる慈善活動が目立たない印象があります。寄付税制の違いもあるため一概に比較はできませんが、日本のお金持ちが控えめというだけでなく、日本には、突出したお金持ちがいないという事実も否めません。日本人が一億総中流という意識を持ったのは、1960年代から1970年代にかけてのことです。

高度経済成長によって国民の所得が増えて生活レベルが上がり、多くの人が終身雇用という安定した将来を手にしました。1970年代以降は9割の人が、自分の生活程度は中くらいと意識するようになったのです。高度経済成長を通じて、多くの人が平等となった代わりに、本当のお金持ちが生まれにくくなりました。相続制度のため、財産が継承されにくくなったこともあるでしょう。

幸せにつながるお金の使い方とは？

日本ではお金持ちによる慈善活動だけでなく、中流の人々の活動も盛んとは言えません。チャリティーやボランティアに抵抗がある人は多いのではないでしょうか？時には偽善扱いされかねません。実は私自身も学生時代、赤い羽根共同募金などのボランティア活動を見ると、「困っている人を助けるのは国がやるべき仕事じゃないか？」と疑問に思い、協力しようという気が起こりませんでした。

高度成長期を通じて、国民皆保険や年金制度など、社会保障に力を入れる大きな政府を日本人は選択しました。税金や保険料をしっかり払う代わりに、人助けは国費でやるべき。そう考える人が多いのです。これは、ほとんど社会主義国の発想ですね。本来の社会主義国では、国が全ての社会保障の面倒を見るのが建前のため、民間で寄付を募る文化はありません。

もっとも、この建前を実現するのは社会主義国でも困難ですが、日本は経済システムとしては資本主義でありながら、理想的な社会主義を実現しかけていたのです。

かつて日本が貧しかった時代、村を通っている道路が傷めば、村をあげて道普請《みちぶしん》[*1]をしたものです。自分達が使う道路は自分達でつくり、いざとなれば総出で補修工事にあたりました。はるか遠いところにある国家など、とても頼りにならなかったからです。

それが、いつしか道路というのは公共事業でつくるものになりました。地元に金を引っ張ってきて道路をつくるのが政治家の主な仕事になりました。自分たちでやらなくても、国がやってくれる。これはありがたいですよね。なまじ国が豊かになり、頼もしい存在となったばかりに、誰もが国に全面的に頼るようになってしまったのです。人間というのは楽なほうに流れるものです。

しかし、国民が公共事業に依存し続けた結果、国の財政は危機的状況となってしまいました。年金制度も医療制度も存亡が危ぶまれています。企業では終身雇用の安心感も、すでに過去のものとなっています。

さらに東日本大震災後、国への不信感が一層高まりました。もはや頼ってはいられないことが明らかになりました。お金の使い方も、お金に対する意識も、これからますます変わっていくことでしょう。

私はもともと２０１１年3月いっぱいでテレビの仕事をやめて、取材や執筆に専念するつもりでした。ところが、３月11日に東日本大震災が起こり、これをジャーナリストとして伝えないわけにはいかないという思いから、緊急特番に頻繁に出るようになりました。

しかし、これで儲けるわけにはいきません。震災関連のテレビの特番の出演料や本の印税は、すべて日本赤十字社と中央共同募金会（赤い羽根共同募金）に寄付しました。現場でのボランティア活動ができない分を、こうした形で補いました。その後、震災孤児の奨学資金を支えるユネスコの募金にも協力することにしました。

震災を機に「絆」が見直されたと言われます。

お金の使い方にも変化が起こり、少なくともチャリティーやボランティアの存在感は格段に上がったのを感じています。自分のためだけでなく、他人の幸せのためにお金を役立てようという動きです。

お金に振り回されるのではなく、幸せな人生につながる道具として着実に使いこなせるよう、お金を味方につける知恵を多くの人が手にしてほしいですね。

＊1　道普請…道路の修繕や建設をすること。道路工事。

ヤンマー

1995年1月17日の阪神・淡路大震災。地震の影響で、大きくねじ曲がってしまっている高速道路。兵庫県神戸市。

Photo / Kurita KAKU / Gamma-Rapho via Getty Images

第四章

物質的価値について

内面的幸福

本質的なのは、内面の充足です。

内面的幸福は、物質的状況とか、感性の満足に支配されません。その源は私たちの心にあります。この幸福の大切さを認識することが重要です。

内なる価値

100パーセント物やお金のことを考えるのではなく、物とお金は60パーセントにとどめて、40パーセントは内なる価値を高め、心によい変容をもたらすことを考えていただきたいと思います。

そのようにしていけば、最終的にこの大惨事がよい師となって、皆さんをよりよい未来へと導いていってくれることでしょう。

幸福であるということ

人間の幸福と不幸は、単なる感性の満足ではありません。同様に、そして何よりも、精神的要素が重要です。それを忘れないようにしましょう。そんなことはささいなことだと考えないようにしましょう。

家具のそろったいい家に住み、ガレージには豪華な車があり、銀行にはお金があり、社会的地位も高く、人から認められていても、だからといってあなたが幸福である保証はどこにもありません。

億万長者になったら、かならず幸福になるという保証はありますか。それは疑問です。

止まらない欲望

産業や経済の発展は凄まじく、私たちは大変豊かになりました。科学技術の進歩は社会を一変させ、生活はますます便利で快適になります。世界は贅沢なものであふれ、機械によって面倒なことは排除され、さまざまな娯楽がどんどん提供されました。このままいけば、私たちはどんどん「幸福」になっていくはずだったのです。

ところがどうでしょう。どれほど豊かになっても、「幸福」で満ち足りるということがありません。それどころか、欲望はどんどん大きくなっていったのです。

なぜ欲望が止まらないのでしょうか。

それは幸福感が「外部からの刺激」によるものだからです。幸福の源が外にあるので、常にそれを求めずにはいられません。逆に言えば、欲しがらなければ幸せになれない。つまり自分一人では幸福感を感じることができなくなってしまったのです。

欲望は人間の特性

私たちは甘いものを欲しがったり、最新流行の服を着たいと思ったり、何か新しいことを経験したいと思ったりします。でも、それがなければ困るというわけではありません。

何となくそうしたものを欲しがっているだけなのに、深く考えもせず、その欲求を満たそうとしています。それがすべて間違いだと言うつもりはありません。

具体的な物を欲しがるのは、人間の特性の一つです。見たい、触りたい、所有したいと思うのは、人間ならば当然のことです。

ただし前にも述べたように、単に楽しみを与えてくれるというだけの理由で物を欲しがると、結局は問題が増えるだけだということを認識しておく必要があります。しかも、そうした幸せは感覚の欲求を満たしたときの幸せと同様に、一時的なものでしかありません。

満たされない金銭欲

満足を知らなければ、人は果てしなく貪欲になっていきます。求めているものが、たとえば寛容さのように無限のものであるのなら、満足を知らなくても一向にかまいません。寛容さを求めていけばいくほど、私たちはそれだけ寛容になれます。

精神的な資質に関してなら、満足は必要ではありません。望ましくもありません。しかし、求めているものが有限だとすると、そこには危険が迫っています。獲得すればするほど、私たちはますます満たされなくなっていくでしょう。たとえば金銭欲がそうです。

ある人がたまたま一国の経済を牛耳れるようになったら、その人は事あるごとに他の国の経済を牛耳れる機会をうかがうようになるでしょう。限りあるものへの欲望は、決して満たされることがありません。反対に満足を知るならば、失望することも幻滅することもありません。

足るを知る

チベット仏教徒の姿勢は、足ることを知る、つまり一種の満足です。賞賛すべきは、質素な生活と自制心です。私たちはいつも、自らを環境の一部分として考え、他の生き物も分け隔てしませんでした。私たちが古くから伝えてきた経典は、「容器と中身」という説き方をしています。世界は容器、つまり私たちの家。私たちは収められたもの、つまり中身。これらの簡単な事実から特別な関係が推論できます。それは次のような理由です。

つまり、容器がなければ中身は収納されない。中身がなければ容器は何も収納せず、それでは意味がないということです。

経済発展と精神の成長

人類が抱えているさまざまな問題をあらゆる次元で解決するためには、経済的な発展と精神的な成長を結びつけ調和させなければならないというのが、私の強く信ずるところです。

しかし、私たちはその限界を知らなければなりません。科学や技術といった物質に関する知識は、人類の福祉に大きく貢献してきました。しかし、それで永続的な幸福を作り出すことは不可能です。

たとえば、技術進歩がおそらく他のどの国よりも進んでいるであろう米国には、依然として多くの精神的苦痛が存在しています。それは物質的な知識を持ってしても、ある種の幸福、つまり物質的条件に依存している幸福しかもたらすことができないからにほかなりません。物質的な知識では、外界の要素に左右されない内面の成長からの幸福を得ることなど望むことはできません。

書店に行けば、国の未来が見えてくる

私は自他共に認める無類の本好きです。ＮＨＫ時代、記者として、情報源への夜回り取材をしていた待ち時間にも、記者会見前の空き時間にも、ひたすら本を読んでいました。今でも常に数冊はバッグに入れてあります。たまたま空き時間ができたときに読む本がないのは困りますから、ついつい余分に用意してしまうほどです。

それほどの本好きですから、行く先々で、書店や、本を読んでいる人が気になります。特に海外では、国によって書店事情や読書事情がまったく違います。その国のあり方や国民性をよく表わしているため、視察・点検してみる価値はあります。

ある国が発展するかどうかを判断する私なりの目安として、「書店がどれくらいあるか」「若者がどれくらい本を読んでいるか」に注目してきました。

たとえば、２０００年にベトナムに行ったときのこと。真夏の昼間、とても暑い中、日陰で商店の店番をしている若者たちがいました。暑いから昼寝でもしているのだろうと思ったら、なんと、みんな本を読んでいるではありませんか。

ベトナムは発展する。そう思いました。実際、急成長を実現しています。ベトナムの後、東南アジアの別の国に行きました。すると首都だというのに、書店がまるで見当たりません。懸命に探して一軒だけ見つけたのが古本屋でした。しかも世界中から訪れたバックパッカーたちが読み終わったペーパーバックを置いていくお店です。現地の人たちは本なんて読まないようです。読んでいるのを見かけたこともありませんでした。その国が発展したという話は、今なお聞こえてきません。

直後に行ったのは中国です。書店は若者たちで賑わっていました。特に学習参考書のコーナーで熱心に活字を追っている姿が目立ちました。成長しようとする国のエネルギーを感じましたね。

ただし、イスラム教圏ではまた別の判断基準が必要かもしれません。書物の位置づけが異なるからです。中東に行くと書店がほとんどありません。本を読んでいる人がいるとすれば、それは「コーラン」[*1]です。

中東のいろいろな空港の待合室で観察してみました。本を読んで待っているのは、欧米やアジアから観光に来たり、働きに来ていたりしている外国人です。現地の一般の人が本を読んでいる姿は見られませんでした。

イスラム世界では、コーランには神の言葉がすべて書かれているため、コーランさえ読んでいればいい。コーラン以外は読む価値がない。そう思われているようなのです。これでは、イスラム以外の世界のことに疎くなってしまうのではないかと心配になります。

＊1　コーラン　アッラー（神）からの啓示をムハンマドが伝え、後世の人が書物にまとめたもの。イスラム教の聖典。

「内なる価値」はどう育まれる？

ダライ・ラマ法王との対談の中でいただいた言葉のうち、印象深かったのが「物質的価値」と「内なる価値」についてです。

「１００パーセント物やお金のことを考えるのではなく、物とお金は60パーセントにとどめて、40パーセントは内なる価値を高め、心によい変容をもたらすことを考えていただきたいと思います。

そのようにしていけば、最終的にこの大惨事がよい師となって、皆さんをよりよい未来へと導いていってくれることでしょう」（P83）

日本人が物やお金のことばかり考えがちなのをよくご存じなのでしょう。そんな日本人に対し、４割ぐらいは心のことを考えようよ、というアドバイスです。「お金のことなど考えるな。１００パーセント心のことを考えよ」とおっしゃらない現実的な態度に私は驚き、感心しました。

私たちは放っておいても、身近な物やお金のことは考えられます。では、内なる価値はどのように育まれるのでしょう？　育むとしたら、今からでは手遅れではないのでしょうか？　人が生まれて成長していく中で、内なる価値、心のありようを最初に形づくるのは、まず家族です。家族を選ぶことはできません。

ブッダ[*1]は人間が生まれながらに持つ、四つの苦しみ（生・老・病・死）を説きました。最初に説いたのが、生まれる苦しみ「生苦」です。生まれた瞬間、人生は否応なしに始まってしまいます。そこに本人の選択の余地はありません。生まれる時代も、場所も、親の身分も選べない。こうした不自由を背負って、全ての人は人生をスタートするのです。その出発点となるのが家族です。

同時に、家族は誰にでもあるものです。途中でなくしてしまう場合もありますし、形式的に縁を切ることもありますが、基本的には多くの人が家族の中で生まれ、生涯付き合っていくことになります。特に幼い頃、どんな家族に囲まれているかが、内なる価値を左右します。生まれ育つ場所もまた、心のありように大きな影響を及ぼします。生まれ故郷や地域のコミュニティですね。

日本人はあまり意識することがありませんが、宗教もまた価値観の土台となるものです。家族や地域と重なる場合が多いですが、自分で選ぶこともできます。そして、最後に教育があります。家庭での教育も大切ですし、学校教育も人の価値観を大きく変える力を持っています。社会人になってからの教育で人生が変わることもあります。

以下、家族、地域、宗教、教育の順に、日本と世界の現状を見てみましょう。

＊1　ブッダ…仏教の教えを説いた人物。

大家族の時代は幸せだった？

日本では核家族化が進み、三世代が同居しているような大家族は珍しくなりました。テレビで大家族を取り上げる番組が人気になっているように、日本人には大家族への憧れやノスタルジーがあるようです。確かに、子供の面倒をみてくれる祖父母がいれば、母親は早々に育休から復帰して、安心して社会で活躍できるかもしれません。

かつての日本では、家族に職のない人が一人ぐらいいても、誰かが働いて養っていたものです。働き口のない人は肩身の狭い思いをしたでしょうが、ニートなどと呼ばれて社会問題化することもありませんでした。

今でも大家族を保っている国はアジア、アフリカ、中東などに多くあります。家族全員が働いているわけではなく、働ける人が働いて、一族を養っている形です。職を失っても、健康を損ねても、年をとって動けなくなっても、大きな家族という受け皿が最後には支えてくれるという仕組みを、人間はつくり上げてきたのです。現代でいえばセーフティーネットですね。

１９９１年、湾岸戦争。イラク・バクダッドの市内の空を、爆撃による閃光が切り裂く。ＣＮＮは空爆の様子を世界に生中継した。

Photo / Laurent VAN DER STOCKT / Gamma-Rapho via Getty Images

しかし、日本をはじめとする先進国では核家族化が進み、小さな家族が普通になっています。お年寄りの面倒をみるのは子供ではなく高齢者福祉施設。子供を預かるのは祖父母ではなく、保育所の役割というふうに、家族に代わる仕組みで補っています。こうした現状を、冷たい世の中とか家族の崩壊などと感じる人も少なくありません。昔のように家族を大切にすべき、という意見もよく聞きます。

本当に昔のほうが家族を大切にしていたかどうかは疑問です。各地に残る[*1]姥捨《うばすて》山の伝説は史実でなかったという説が有力のようですが、家計の負担を軽くするために、子供を養子に出すなどの「口減らし」や、働き手にならない女の子を殺してしまう「間引き」は実際に行なわれていました。

日本には1995年まで[*2]尊属殺人罪がありました。尊属に対する殺人を、通常より重罰とするものです。親殺しが社会規範上、許されないのはもちろんですが、実際に無視できないほど親殺しがあったからこそ、こうした重罰がわざわざ設けられたのではないでしょうか。尊属殺人罪は、古くはローマや唐の時代からありました。日本では1973年にようやく違憲とされています。

大家族が幸せかどうかも一概には言えません。共働き世帯の割合が高い富山県と福井県は、三世代同居の大家族が多いことで知られています。子供の面倒を見てくれる祖父母がいるため、母親も安心して勤めに出られるのでしょう。しかし、嫁姑が二人して家にいたら大変だから勤めに出たがるのでは？などと思うのは、天の邪鬼な私の勘ぐり過ぎでしょうか。

核家族化という現象が自然に進んだわけではありません。より幸せな家族のあり方を求めて、日本人は核家族化を選んでいるのだと思うのです。

＊1　**姥捨山**　高齢者が周囲から疎外され、老後を送る場所。

＊2　**尊属殺人罪**　自己または配偶者の直系尊属を殺害した場合、重い刑で処罰した。

地域の絆か、地縁のしがらみか

家族が小さくなって支えきれなくなった分、重要になっているのが地域のコミュニティの役割です。日本にはかつて農業を基盤にした共同体がありました。田畑に水を引いたり、収穫作業をしたり、共同作業をすることが欠かせなかったのです。

しかし、今では故郷を離れて都市に住む人が大勢います。ほとんどの人が会社勤めをしているため、地域での結びつきは希薄になりがちです。子供がいれば学校単位のネットワークもあるでしょうが、誰もが喜んで参加しているわけではありません。ご近所付き合いは面倒くさい、と感じている人も多いようです。

東日本大震災後、地域の絆が見直されていると言われています。一般的に「昔は絆が強くてよかった」「今では隣に誰が住んでいるかも知らない」と、昔を持ち上げて語られがちです。

しかし、核家族化と同様、都市化も、多くの人が選んできた道なのです。

「都市の空気は自由にする」という言葉があります。中世ドイツにおいて、封建領主の支配下に置かれていた手工業者が、都市に逃れて自由を得たことを表わしています。よく私と一緒に仕事をしている静岡出身の人が、震災後、地域の絆が強調されるようになったことに対して、こう言いました。

「そういうのが嫌だから東京に出てきたんだ」

隣に誰が住んでいるのか知らない都市部に対して、いわゆる田舎では、ご近所が何をしているのか、みんなが知っているのが普通です。何か異変があれば、すぐに気づきますから、高齢者の孤独死などは起こりえません。

しかし、若者にとってはさぞかし窮屈でしょう。隠れてタバコを吸っていても、誰かに見られてすぐに親にバレてしまいます。だからこそ極端な不良化は避けられるのでしょうが、閉塞感のあまり逃げ出したくなる気持ちもわかります。都市部で自由に育てば、田舎に故郷を持つ人々の絆に憧れて美化しがちですし、絆という地縁のしがらみに縛られてきた人は、孤独が許される都市での暮らしに安らぎを感じます。

社会的な機能として地域のコミュニティを整えておくのが必要なのは間違いありません。欧米では教会がこの役割を果たしていることもありますが、日本の都市部では、宗教的なコミュニティがすでに力を失っているように思えるからです。

宗教にこだわらない倫理観

キリスト教文化圏では、教会を中心とした社会奉仕活動が盛んです。家族という受け皿からあふれ、行政の手も回らない部分を、宗教的なコミュニティが面倒みていると考えられます。教会に集まった寄付が、必要とされている人々に再分配されていく経済的な仕組みができあがっています。

イスラム教の世界でも同様な仕組みがあります。イスラム教では、「五行」（五つの義務）の一つとして、所得の2・5％を目安に寄付を行なうことが定められています。貧しい人たちを救う「喜捨」（ザカート）という制度です。この制度には面白いところがあり、たとえば断食月に、つい水を飲んでしまったといった場合、寄付をすれば許されるのです。ザカートというのは、もともと「浄め」という意味です。お金でお浄めができるんですね。

イランのテヘランには、交差点ごとに寄付金を入れる箱が備えてあります。サウジアラビアやバーレーンなどではザカート税として国が制度化して徴収し、失業保険や生活保護の財源となっています。

日本には長年にわたって、寺院や神社を中心とする相互扶助のコミュニティがありました。国民全員がどこかの寺院に所属する檀家制度が確立していた江戸時代には、寺院は行政機関の末端組織として機能していました。戸籍の管理も寺院が行なっていたのです。さらに寺小屋という教育機関も運営していました。

しかし、今や都市部では、自分の菩提寺がどこなのか、知っている人のほうが少ないでしょう。一部の寺院は慈善事業などに熱心ですが、一般の寺院にセーフティーネットとしての役割は期待できそうにありません。

ただし、日本人だけが信仰心を失っているわけではありません。アメリカの世論調査でも、無宗教の人や教会に行く機会が減ったという人が増えています。ヨーロッパでも、洗礼は受けたものの、めったに教会には行かないという、なんちゃってキリスト教徒が増えているのです。

ドイツやオーストリアには教会税という税金があります。教会に属する人が、所得税の8～9％にあたる税金を国に納め、それによって教会が維持されているのです。キリスト教徒だからといって、誰もが積極的に教会を支えようとしているわけではありません。税金を逃れるために、教会を離脱する人も増えています。

先進国においては、人々の信仰心は薄らぐ方向に向かっているのかもしれません。宗教が果たしているセーフティーネットとしての役割がどうなっていくのか気がかりです。

そんな中で、ダライ・ラマ法王が提言しているのは、信仰を超えた普遍的な倫理観です。民族や宗教にかかわらず、人間なら誰もが持っているモラルを世界標準にしていくというものです。特定の宗教に染まっていない日本人にとって、非常になじみやすい考え方かもしれませんね。

経済を動かすのも「内なる価値」

１９５９年、ダライ・ラマ法王は24歳のときに、祖国チベットからの亡命を余儀なくされました。その後、インド・ダラムサラに亡命政府を樹立し、今なお亡命の身にあります。

ヒマラヤを望む山あいの小さな町ダラムサラには「チベット子供村」（Tibetan Children's Village）という学校があります。亡命先で生まれたチベット人の子供たちや、チベット本土から逃れてきた子供たちが教育を受けています。ダライ・ラマ法王が何よりも大切にしているのは教育です。亡命後、早い時期にチベット子供村をつくり、現在に至るまで、チベット人としてのアイデンティティを保ち続けられるように教育に力を入れています。

国土を失ってしまった以上、国と民族を維持していく最後の砦が次世代への教育です。建物は建てても、いつかは壊されるかもしれません。財産は盗まれたり、ギャンブルで失ってしまったりするかもしれません。しかし、教育によって得られた知識や価値観が損なわれることはありません。

私は54歳のときにNHKを辞めました。それまで「週刊こどもニュース」を担当し、むずかしいニュースをわかりやすく解説する仕事をするうちに、自分がいかに物事を知らないかを痛感していただけに、時間にゆとりができた分、社会人向けの大学の講座に通いました。

こうした講座で勉強している社会人は本気です。授業が終わると、質問の嵐です。学生が熱心ですから、教えるほうも嬉しそうです。そうした熱い雰囲気の中で、学生に戻ったような気分で学べたのは、本当に有意義な経験でした。学んでいくごとに、ますます知らないことばかりであることがわかってきました。何もかも基本に帰って勉強し直したい気持ちになりました。

人にわかりやすく伝えるという役回りの多い今も、まだまだ勉強を続けています。物事の本質を深く理解していないと、わかりやすく伝えることはできません。

経済学を勉強し直した私が、近年特に興味を持っているのが、人の心についてです。経済学の理論通りには、実際の経済は動きません。そこに人の心理という、複雑で、不思議な要素が働いているからです。

お金や物の動きを見ているだけでは、世の中のことは半分もわかりません。ダライ・ラマ法王がおっしゃるように、心に目を向けることで、経済という人の営みへの理解を深めていきたいと考えています。経済を突き動かす人の心がわかってこそ、経済学を人の幸せへとつなげることができるでしょう。

人の心理と経済の関係は行動経済学[*1]という分野で研究が進められています。ただ、人の心については、仏教のほうが経済学より一日の長がありそうですね。だからこそ私は、ダライ・ラマ法王の説く教えにも興味津々なのです。

＊1　行動経済学　人間がどのように選択・行動し、その結果どういう影響を与えるのか研究する経済学。

第五章

仕事について

何のための仕事か？

私は友達のいく人かを「お金の奴隷」と呼びます。彼らは一瞬の休息も取らずに、あちこち走り回って疲れ果て、日本、アメリカ、韓国に絶えず出張し、休暇を取ろうとしません。

もちろん、彼らの仕事が他人のためになり、国の発展のためになるのなら、嬉しい限りです。高貴な目的を持ち、それを実現するために昼も夜も働く人は、称賛に値します。しかしその場合でも、健康のために時々は休息を取るのはいいことです。一時的に過度な努力をするよりは、ゆっくりでも、長い間有益な仕事をしたほうがよいのです。

もしこの熱狂的な活動が、あなたの個人的な野望を満足させることだけが目的で、結局疲れて健康を害するとしたら、むなしく自分を破壊させることになります。

社会と仕事

職業は生活の糧を得るためのものですが、同時に私たちがその一員である社会に対する貢献でもあります。そもそも私たちと社会の間には互いに関係があります。社会が繁栄すれば、私たちはその恩恵をこうむりますし、社会の景気が悪ければ、私たちはその被害をこうむります。

私たちの共同体は、周りの共同体に、そして究極的には全人類に影響を及ぼします。フランスの経済はヨーロッパの経済と連携していますし、ヨーロッパの経済は世界の経済とつながっています。私たちの近代社会は密接に相互依存しています。そして一人ひとりの態度は、全体に影響を及ぼします。

無関心と孤独

今や地球は人口過剰で、何百万という人が大都会にひしめきあっています。

彼らを見ていると、その唯一の関心事は、働いて給料をもらうことのように見えます。

一人ひとりが独立した生活を営んでいます。近代的な機械は私たちに大きな自立を与えてくれ、他人は私たちの幸福にとって、ますます小さな役割しか果たさなくなったという誤った印象を持ちます。この状況が、無関心と孤独感を助長します。

不条理な雇用システム

現在、西洋の国々は、高い失業率に苦しんでいます。実際、政府や労働組合の対策は偏っていて、人々が、とりあえず食べ物にありつけて、雨露がしのげればそれでいい、と考えているようです。しかし、心理的な問題が生じています。社会の中で人間の居場所はどこにあるのか、人間の内在的な価値とは何だろうかという問題をも、失業は提起しているのです。

企業にとっては、人件費があまりにも高くなったため、雇用システムが不条理なものになってしまったのです。つまり、もはや人間に与える仕事がないのです。このメカニズムの中に居場所はあるのだろうか？と人々は自問しています。驚くべきことです。

私たち知性をそなえた人間という存在は、私たち自身を排除することによって完成するシステムをつくりあげてしまったのです。

ビジネスに必要な法則

経済界で働く人たちが慈悲心や利他心を育まねばならない、ということはつまり、ビジネス界で働く人たちは自分たちの判断によって生じうるよい結果、あるいは悪い結果について、もっと敏感に意識すべきである、ということです。

当たり前のことですが、ゲームの法則を理解しなければいけません。つまり、よくない状況をつくりだせば、結局自分自身も苦しむことになるのです。

静岡県富士宮市で毎年8月に行なわれている「富士山御神《ごじん》火《か》まつり」。山頂から運んだ神火を神輿に乗せて練り歩く。2007年。

Photo / Karen Kasmauski / National Geographic / Getty Images

精神面の重要性

ビジネスの分野に関しては精神面の大切さをどう取り入れたらよいのか実際的な提案ができていません。何しろ、ビジネスでは競争がたいへん重要な意味を持っているからです。

相手の気持ちを汲みながら儲けを追求するのは、普通に考えればできることではありません。それでも、建設的な競争は可能でしょう。鍵を握るのは、競争しあう両者の動機です。相手を食い物にしたり打ちのめしたりするのが目的なら、明らかによい結果は生まれません。

しかし、健全な目的で寛大さをもって競争が行なわれたなら、負けたほうはそれなりに苦しむにせよ、少なくとも立ち直れなくなることはないでしょう。

権力や名声で得られるもの

強欲になればなるほど、他人との良好な関係が築けなくなって、やはり孤独になっていきます。苦悩をもたらす感情のままに行動している人を考えてみてください。

執着、あるいは嫌悪感をむきだしにしている人、がめつい人、不遜な野望を持っている人。いずれも強い権力と、たいそうな名声を手にできるかもしれません。歴史にその名が刻まれることもありうるでしょう。

しかし、本人が死んでしまえば、もはや権力など意味はなく、名声もただのうつろな言葉でしかなくなります。これでいったい何が得られたというのでしょう?

社会がつくり出した概念

先進各国は、現在高い失業率を抱えていますし、あなた方はそのことに強い不満を抱えておられるようですが、私の目から見れば、それはあなた方の社会がつくりだした概念に起因する間違いなのです。

毎年利益は増えていくものだという考えそのものが、もっと大きな問題ですね。私にはとてもおかしな考えに思えます。国内総生産（GDP）が常に成長していかなければ、とんでもないことになる、と経済学者たちは私たちを脅かします。当然ながら、そういう原則に従えば、失業者は非生産的な存在ですから、彼らを抱えていると、国は発展しないで、後退するでしょう。

もし私たちが本当に必要なものだけで満足するという原則に従って生きることができたら、私たちは皆、心に絶えずのしかかっている不安や苦なしに、生きていくことができるでしょう。ゆったりと生きることができるようになるでしょうね。

企業活動の原動力とは

国際経済の分野に慈悲心を引き入れるには大変な労力を要します。中でも先進国と発展途上国間に存在する経済的不平等は、この地球における最大の苦しみの元になっています。多国籍大企業は、たとえ短期的に金銭的損失を被ったとしても、貧しい国から搾取することを控えるべきです。先進国の消費をあおるためだけに、これら貧しい国の貴重な資源を吸い上げることは壊滅的です。もしそのままの状態が続けば、結局私たち全てが苦しむことになるでしょう。

理想主義的と思われるかもしれませんが、単なる競争、富への欲望ではない利他性が、企業活動の原動力となるべきなのです。

働き続けたい理由

２００５年、定年前にＮＨＫを退職しました。

今では同期入社組も定年退職して悠々自適な人生を送っている……かと思いきや、実際は嘱託などの形で関連会社に顔を出している人が少なくありません。もう働く必要なんてないじゃないかと周りは思うかもしれません。しかし、どこかに自己実現できる場が欲しいのです。それが彼らにとっては会社なのです。

そういう私も働き続けています。大学で講義を持ちながら、世界中に取材に出かけ、本を出版し、たまにはテレビにも出演しています。

「なぜそんなに働くんですか？」と、疑問に思われて当然でしょう。世の中には「休めるものなら休みたい」と考える人のほうが多数派のようです。なぜ働き続けたいのか、私もはっきり理由がわかっているわけではありません。ある種の自己実現なのでしょう。

私の場合、何か気になる出来事が起こったとき、それをみんなに話したくなるという気持ちが強いようです。「知ってる？」と人に言いたくなる。だからこそジャーナリストをやっているのでしょう。

特に自分だけが知っているニュースとなれば、なおさら人に伝えたくなります。「なぜこんなことが起こるの？」「難しくてわからない」という人を前にすると、がぜん「わかりやすく説明したい」という気持ちに火がつきます。こうした情熱を形にできる場を求めて、ついつい仕事をしてしまうのです。

私の場合はジャーナリストという道が、定年のない自己実現の場になっていますが、どんな場で活躍するかは人それぞれです。地域のボランティア活動という道もあるでしょう。

たとえば、高齢者が毎朝、通学路に立って、子供たちに交通指導を行なう交通安全指導員という仕事もあります。自治体によって位置づけが異なり、ボランティアだったり、シルバー人材センターからの派遣職員だったり、いろいろなケースがあります。

２０１３年５月、東京都内の小学校前で、男が児童三人を切りつけるという事件が起こりました。このとき現場に居合わせた交通安全指導員が、誘導用の旗を振り回して男を追い払い、子供たちを守りました。お手柄の男性は71歳。大きなやりがいを感じられる立派な仕事でしょう。

退職後、居場所のない男たち

企業戦士としてバリバリ働いていた人ほど、定年退職すると何をしていいのかわからないものです。現役時代、ろくに家にも帰らず働いていたため、ご近所付き合いや地域のコミュニティとは縁がないのです。

一方、女性は地域に根を張っています。長い時間をかけて豊かな人間関係を築いていますから、年をとっても、毎日のように出かけて忙しくしています。夫にしてみれば、いったい毎日どこに行っているのか、しつこく聞きたくもなります。どうしていいのかわからない夫は妻についていくことしかできず、「濡れ落ち葉」と言われてしまうのです。だから嘱託でも何でもいいから、少しでも長く会社に勤めていたくなるのかもしれません。自分の居場所を見つけたいのです。

もちろん、現役時代から土日ぐらいはきちんと休んで、ご近所付き合いでもしていれば、もう少し楽しいリタイア生活が過ごせたかもしれません。

江戸時代の日本人の働き方

男は家庭を顧みることなく、会社のために働く。これが高度経済成長期の常識でした。外国人の目にも、日本人は勤勉に映っています。しかし、昔からそうだったのでしょうか？

明治時代の初め、来日した外国人は、日本人の働き方を見てびっくりしたそうです。あまりに怠けているからです。たとえば道路をつくろうというとき、まずみんなで歌を歌うのだそうです。それから掛け声をかけて仕事が始まる。美輪明宏さんのヒット曲に「ヨイトマケの唄」がありますが、「ヨイトマケ」というのは、建設現場で働く日雇い労働者たちの掛け声の一つです。

外国人から見たら、歌なんて歌っていないで、さっさと働けという気持ちでしょう。なかなか仕事が進まない上に、少しお金をもらったら、もうそれ以上働こうとしない。日本人は勤勉でも何でもなかったのです。

江戸時代以前には、生まれながらにして身分が決まってしまいましたし、一般の人達は貧しい生活を送っていました。しかし、なるべく多くの人に仕事がいきわたるように、世の中ができていたそうです。

たとえば、当時の喫煙者はキセルで刻みタバコを吸いました。このキセルにヤニがたまって時々詰まってしまうのです。そのため、キセルの詰まりを水蒸気で取ってくれる専門の職人がいました。ラオ屋といいます。

このように細分化された専門職がたくさんあり、みんなで仕事を分け合っていた。今ふうに言えばワークシェアリングが実現できていたのです。きっと収入は少なかったとは思いますが、長屋で肩を寄せ合いながら、慎ましく生活することはできました。つまり、社会の中にみんなの居場所があったのです。

自分が社会から必要とされているという意識を持てる。これは、きわめて重要なことです。人がしていた仕事を機械やコンピュータに任せてしまう現代では、世の中から必要とされていないのではないかという絶望感・疎外感から自殺してしまう人もいます。

決して生産性は高くありませんでしたが、みんなが居場所を確保できる世の中が、江戸時代の日本にはあったのです。

日本人はいつから勤勉になった？

「江戸っ子は宵越しの金は持たねえ」と言うように、江戸時代の日本人には、せっせと貯金をする習慣もありませんでした。家族を犠牲にしてまで働くという人も少なかったでしょう。

経済学者の野口悠紀雄[*1]さんは、経済体制をはじめ、戦時中につくられたさまざまな仕組みを「１９４０年体制」と名づけました。当時、戦争のためにつくられた仕組みが、今の日本的なもののベースになっていることが多いのです。

税金を給料から天引きする源泉徴収制度も１９４０年につくられました。ナチス・ドイツのやり方をまねて、戦争に必要な資金を効率的に集めるために、取りっぱぐれのない制度として導入されたのです。戦争のためにつくられた制度が、今に至るまで残っています。

日本的なものの代表格であった年功序列や終身雇用も、軍需物資をスムーズに供給するためにできた１９４０年体制の産物です。戦後、一時は産業別に組織された労働組合も、その後、会社別に再編され、会社は家族のような共同体となり、個人よりも集団を重んじる気風が育まれました。高度成長を支えた「会社のために」という精神構造の多くは、そもそも「お国のため」の戦争を目的につくられたのです。

企業戦士という言葉が生々しく思えてきます。戦争のためにつくられた日本型の企業の中で、会社のために家族をないがしろにして頑張ってしまう日本のサラリーマンが生まれたのです。

戦時中に有効に働いた日本型システムは、高度経済成長にますます威力を発揮しました。サラリーマンは国際的にも日本人らしい姿として定着しました。

とっくの昔からそうだったと私たちは思い込みがちですが、日本人が勤勉になったのも、会社人間になったのも、意外に最近のことなのです。

＊1　**野口悠紀雄**（1940年～）　東京都出身の経済学者。1963年東京大学卒業後、64年大蔵省（現財務省）に入省。2005年より早稲田大学大学院ファイナンス研究科教授を務める。

日本人の働き方も変わりつつある

一生懸命働いたから経済大国になれた。日本の場合はそうでしたが、それほど必死に働かなくても経済的に豊かになった国は珍しくありません。

フランス人やドイツ人は基本的には残業をしません。どんなに忙しくても、待っている顧客がいようとも、定時で仕事を終えます。毎年1カ月のバカンスをとるため、その間は連絡がつかないこともあります。長時間働くことだけが、豊かになる道ではないのです。

[*1]ギリシャの財政危機が問題になった際、ドイツのメルケル首相が、ギリシャや南欧の人々の長い休暇を批判する発言をしました。「豊かになりたかったら、ドイツ人のように、もっと働け」というつもりだったのでしょう。

しかし、調べてみたら、実はドイツの労働時間のほうがギリシャより短かったのです。ギリシャ人のほうが長時間働いていることがわかりました。つまり、ドイツ人は短い時間で効率的に富を得ていることになります。メルケル首相は、休暇の長さではなく、効率の悪さを批判すべきでした。

日本はどうでしょう?

とにかく長時間働いていることだけは確かです。工場などでは常に効率化が進められ、世界最高位水準の生産性を実現しています。日本の物づくりは、やはり世界に誇れるものなのです。

問題はホワイトカラーです。労働生産性が極めて低いのが現状です。毎朝、決まった時間にオフィスに行き、まずコーヒーを入れて、新聞を広げて……。退社時になっても、「上司が残っているから帰りにくい」という理由だけで、だらだらと9時、10時まで残業を続けています。拘束時間は非常に長いのに、生産性が低いのが、日本のホワイトカラーです。

それでも経済が成長していた時代は、みんなが目をつぶっていました。家族と過ごす時間が少なくても、プライベートが犠牲になっても、とりあえず稼げて豊かになっているかぎり、我慢もできたのです。しかし、不況になって給料が下がり続けていく中で、ようやく働き方を問い直すようになりました。「いったい何のために働いているのか?」「仕事とプライベートのバランスが悪すぎないか?」と。

私が現役だった時代は、インフルエンザで熱が40度あっても出勤するのは当たり前でした。「熱なんかで休むな、馬鹿野郎！」と怒鳴られたものです。

今、インフルエンザにかかろうものなら「無理して出てくるな」となるでしょう。他の人にうつしてしまっては、職場全体として生産性が落ちます。精神論ではなく、ようやく合理的な判断が通用するようになってきたようです。

ワーク・ライフ・バランス[*2]に対する意識も変化しています。

大企業では、「休んでいいよ」ではなく「必ず1週間休暇をとるように」と、積極的に休暇を取らせる方向に変わってきています。部下にきちんと有給休暇を消化させたり、残業時間を減らしたりすることが、上司の能力として評価されます。ワーク・ライフ・バランスをきちんと保っている企業であることが社会的に評価されるよう、日本人の意識も変化しているのです。

日本人が仕事人間になってしまったのは、長い歴史の中ではごく最近のことです。だとしたら、仕事人間から脱するのも、意識付け次第で、さほど時間はかからないのではないでしょうか。

皇居内にある皇宮警察本部。その中にある弓道場。日本で生まれた武道である弓道は、精神力、集中力を高める上で役に立っているという。

Photo / SAM ABELL / National Geographic Creative

よい兆しはすでにあちこちで始まっています。

＊1　ギリシャの財政危機　2009年頃からギリシャ政府の財政が悪化した問題。
＊2　ワーク・ライフ・バランス　「仕事と生活の調和」と訳され、社会全体で仕事と生活の調和を実現させていくこと。

第六章

日本について

「誇り」がぶつかる日中・日韓関係

経済活動を動かしている大きな要素の一つに、人間の欲望があります。もっと豊かになりたい、人の上に立ちたい、勝ちたいといった欲があってこそ、経済は成長できる。これは間違いないでしょう。

人間の欲望を究極にまで突き詰めた形が、戦争です。経済だけでなく、物理的に支配してしまえば、全てが手に入ります。勝った側は、ひとときの幸せを手にできますが、その陰では味方も敵も大きな犠牲を払っています。

日本は勝ちと負けの両方を経験し、もう戦争はしないという選択をしました。人を傷つけるようなことはしないと国として決意したことは、誇らしいことです。一方、世界では今なお戦争が絶えません。

戦争にもいろいろなタイプがあります。領土を増やしたり、資源を獲得しようとしたりという戦争もあれば、他国の侵略から自分たちを守る戦いもあり、民族としての誇りを守るための戦争もあります。

今の日本では、中国や韓国との関係が、少々きな臭い感じになっているような印象があります。

沖縄県の尖閣諸島をめぐっては、中国や台湾が領有権を主張しています。中国の船がたびたび領海に侵入すれば、日本人は民族の誇りを傷つけられた気持ちになります。やられっぱなしでいいのか?という声も高まります。逆に日本政府が尖閣諸島を国有化すれば、中国人は領土を取られた気になり、反日意識が盛り上がります。韓国との間には、過去の戦争に由来する従軍慰安婦[※1]の問題と、島根県の竹島をめぐる領土問題があります。

2012年8月10日、韓国のイ・ミョンバク大統領が竹島に上陸すると、日本人の誇りは大いに傷つけられました。一方、従軍慰安婦問題について日本の政治家が発言をするたびに、民族の誇りを傷つけられた韓国人が反日運動に走ります。

領土問題も従軍慰安婦問題も、今に始まったことではありません。領土問題については両国の間で事実上、棚上げにして問題になるのを避けてきました。日本政府の公式見解としては、「棚上げしたことはない」ということになっていますが、実態は棚上げでした。こうしたことで対立するより、両国の関係を深めたほうがいいという合理的な判断が働いていたのです。従軍慰安婦問題についても、1965年の日韓基本条約[*2]で解決されたことになっていました。

いずれについても解決していないとする主張があります。韓国も中国も、過去に日本の支配を受けたり、戦争の被害を受けたりした経験を持つだけに、反日意識は根強く残っています。反日意識をあおるような教育も行なわれていますし、政治家も反日意識を利用して、国をまとめようとしているふしがあります。

＊1　従軍慰安婦　日中戦争・太平洋戦争期に、日本軍将兵の性の相手をさせられるために従軍させられた女性。
＊2　日韓基本条約　1965年、第二次世界大戦後の日本と大韓民国との間で結ばれた条約。

自信を失った日本人

韓国・中国と日本との間で、最近あらためていろいろな問題が表面化しているのは、国際社会での韓国・中国の存在感が増してきたという背景もあるでしょう。

特に中国の変貌ぶりには著しいものがあります。毛沢東が支配していた時代はほとんど鎖国状態にあり、[*1]文化大革命などで大混乱して、国全体が貧しかったのです。しかし、今では国内総生産（ＧＤＰ）で日本を抜き、世界の経済を左右しています。韓国についても、サムスンやヒュンダイの活躍によって、日本のお家芸である家電や自動車の分野で、互角に戦うライバルとなっています。

追う立場だった韓国・中国の人たちは自信をつけ、ここぞとばかりに、いったんは忘れ去ろうとしていた過去の問題を蒸し返し、日本を攻め始めました。一方、追われる立場の日本人は自信を失い、今まで気にもとめなかった韓国・中国からの攻撃に誇りを傷つけられて、敏感に反応し始めました。そうした経緯で、互いの反発が高まり、問題がこじれているのだと考えられます。

しかし、よく「日本人としての誇り」と言いますが、その誇りの根拠となる日本の歴史や文化を本当に知っている人がどれだけいるでしょう?

日本では、中国のようにネットや出版物に検閲があるわけでもありません。特定の国に嫌悪感を抱かせるような教育が行なわれているわけでもありません。日本の自虐的な戦後教育を問題視する声もありますが、自分から知ろうとすれば、いくらでも本で読める自由な国なのです。

そういう私も人のことは言えません。海外に行って、日本のことを聞かれ、まともに答えられずに恥ずかしい思いをすることは、今でもよくあります。「歌舞伎って何ですか? なぜ男ばかりなの?」と問われて、答えに窮したこともあります。仕事柄、何でも知っていると思われがちですが、得意不得意はあります。まだまだ知らないことばかりなのです。

「日本人は伝統文化を忘れてしまった」という声も聞かれます。しかし、昔の日本人が伝統文化を知っていたかは大いに疑問です。

本書で見てきたように、日本人は昔から、今のような日本人だったわけではありません。ひとくちに伝統といっても、文化は時代によって移り変わっていくものです。

そうした歴史を正しく理解した上で、あらためて日本人としての誇りを感じてほしいですね。

＊1　文化大革命　１９６６年から始まった中国の政治・思想・文化闘争。

高く評価される日本、正しく伝わらない日本

私が日本人として誇りを感じるのは、海外に行ったときが多いですね。中東でも、アフリカでも、日本は高く評価されています。平和な国ですし、他の国を攻撃したりしない。欧米諸国に比べてイメージはいいのです。

歴史的な経緯から親日感情を抱いてくれる国も少なくありません。トルコやフィンランドに行くと、「ロシアをやっつけてくれて、ありがとう！」と言われます。日露戦争のことを言っているのですね。日本がロシアに勝利したことで勇気づけられた国々が多かったのは事実です。フィンランド人も、日本の勝利がきっかけでロシアの支配から独立できたと言います。

日本製品の優秀さも世界中で評価されています。

アフリカのウガンダ共和国に行ったときも、日本車だらけで驚かされました。「○○運輸」と書かれたトラックも走っていました。運送会社が進出しているわけではありません。日本を走っていた中古車が、現役で立派に活躍しているのです。大男たちが鈴なりに乗っている乗合バスに「○○幼稚園」なんて書いてあったりします。日本語をまねた、あやしげな模様を描いた車も走っています。日本語らしきものが書いてあったほうが、中古車市場で高く売れるのだそうです。

日本の首相の名前を一人も知らなくても、どこにある国かさえ知らなくても、「トヨタ」や「ソニー」なら知っている。それが多くの国での日本の印象ではないでしょうか。

そう考えると、やはり日本は経済を中心に動いてきた国のようです。ダライ・ラマ法王から「4割くらいは心のことを」と指摘されるのも無理はありません。

日本のアニメが世界的に知られているとは言いますが、それはごく一部の話。日本文化はまだまだ伝わっていません。特に欧米や中東、アフリカでは、東洋のエキゾチックな文化という漠然としたイメージで、中国や韓国と一緒になって受け取られています。

日本に来た外国人は、日本人の礼儀正しさや、おもてなしの心に感動しますが、日本を訪れる機会がなければ、こうした精神性まで理解することは難しいでしょう。

敬虔なチベットのお坊さんに「日本人は同じ仏教徒だから……」などと言われると、申し訳ない気持ちになります。

つまり、日本は世界中で高く評価はされているけれども、主に経済や物についてであって、文化的には誤解されている部分も多いのです。もっと正しく伝えたいと思う、日本の良さもたくさんあります。

「昔はよかった」論に、もの申す

日本人としての誇りを強調する人たちは、よく、昔の日本を引き合いに出して、今の日本人を非難します。いわく、「昔は治安がよかった。どんどん治安が悪くなっている。日本人の心が乱れている」。まことしやかにそう言われると、うっかり信じてしまいそうです。

しかし、警察白書[*1]を見てみましょう。２０１２年の殺人件数は、戦後最低だった前年をさらに下回っています。殺人の件数は減り続けているのです。こうした数字はすべて公表されています。もちろんネットでも見られます。自分で調べてみれば、すぐに答えが出ることです。交通事故で亡くなる人も減っています。自動車の数はずっと増えているのに、事故は減っているのです。これだけでも世の中はよくなっているとは言えませんか。

あるいは、教育勅語[*2]を大切にしていた戦前はよかった。保守的な政治家たちはそう言いたげです。なぜ、教育勅語が必要だったのでしょう？　親孝行が当たり前の世の中ならば、わざわざ天皇が勅語を示す必要があったのでしょうか？　実際は、親殺し、子殺しが目に余るほど起こっていたのです。だからこそ、親を敬いなさいと命令したのです。親殺しを厳罰とする尊属殺人罪という条文もありました。

戦前の新聞記事の社会面をみると、それはもう悲惨なものです。小学校で同級生を殺したとか、子が親を殺したとかいった事件が頻繁に起きていたことがわかります。私が個人的な印象で言っているのではなく、当時の記事をきちんと研究した人がいるのです。

子供たちの学力が落ちている。これもよく聞かれる話です。そして、ゆとり教育への批判へとつながります。

私が中学生の頃に受けた全国学力テストで出題された数学の問題を、現在の学力テストに入れたところ、今の子供たちのほうが正答率が高かったという結果が出ました。

「最近の若者は……」。この愚痴は古くはギリシャ・ローマ時代から言われ続けてきました。古今東西、今も聞かれます。この言葉通りに、若者の能力が落ち続け、モラルが低下し続けていたら、今ごろ人類は滅びているでしょう。

「昔はよかった」。個人的にそう思うのは理解できます。自分が青春を過ごした時代には、誰だって戻りたいと思うでしょう。

しかし、よく知りもしない過去の話を美化し、国家として目指そうと試みる政治家もいます。親殺し・子殺しの当たり前だった日本に戻したいのでしょうか？　平然と女性差別が行なわれていた時代に戻したいのでしょうか？　いったい、どんな歴史的事実をもとに、いつの何を取り戻したいのか、具体的に伺いたいところです。

＊1　警察白書　警察の活動について警察庁が作成している白書。過去にどのような犯罪が発生し、警察がどのような対策を講じているかを知ることができる。

＊2　教育勅語　1890年、明治天皇の名で発布された国民道徳の根源、国民教育の基本理念を明示した勅語。

殺人事件も「いじめ」もニュースにならなかった

とはいえ、陰惨な事件が増えたと感じている人は多いでしょう。それは報道にも原因があります。マスコミは、ニュースとして価値のある事件を選んで伝えます。珍しい事件、目新しい事件と言ってもいいでしょう。

私が警視庁担当の記者だった頃、普通の殺人事件が起こっても、全国ニュースになんてなりませんでした。報道されたとしても、せいぜいローカルニュースです。珍しくなかったからです。小学生の頃、家のすぐ近くで殺人事件が起きましたが、翌日の新聞には載りませんでした。単なる喧嘩による殺人事件なんてニュース価値はなかったのです。

中学生のときには、自宅近くで、小学生の男の子が陰部を傷つけられるというショッキングな事件が相次ぎました。今ならワイドショーの中継車が連日押し寄せて大変な騒ぎになるに違いありません。しかし、当時は新聞の都内版に小さく出ただけです。学校で「気をつけるように」と言われたのを覚えています。

テレビや新聞などでは、毎日、起こっている殺人事件を報道しています。

2011年3月11日に発生した
東日本大震災で被災地となった
福島県いわき市。津波によって
多大な被害を受け、多数の死者、
行方不明者を出した。

Photo / Asahi Shimbun via Getty Images

こんなに殺人事件ばかり起こる国になってしまったのかと思うのも無理はありませんが、殺人事件が珍しいから全国ニュースになるのです。昔は、北海道の殺人事件なんて、東京で報道されなかっただけなのです。

「いじめ」の問題も深刻になったと言われています。日本の学校で、いじめが認識されるのは１９８０年代になってからです。そのきっかけとなったのが１９８６年の中野富士見中学いじめ自殺事件でした。中学2年の男子生徒に対する「葬式ごっこ」によるいじめが問題になりました。この事件で深刻ないじめの存在が明らかになり、その後、7～8年ごとに子どもの自殺が問題になりました。

１９９4年、愛知県西尾市の中学2年の男子生徒が恐喝され、１００万円を脅し取られて自殺に追い込まれました。これが第2の波です。第3の波が２００5年の北海道滝川市の小学6年の女子児童と２００6年の福岡県筑前町の中学2年の男子生徒のいじめによる自殺。滝川市のケースでは学校側はいじめとは認めませんでした。遺書があったのに、遺書ではなく手紙だと言い張ったのです。そして、２０１１年、滋賀県大津市の中学2年の男子生徒がいじめにより自殺しました。

こうしてみると、いじめが増え、深刻化しているようにも思えます。しかし、国立教育政策研究所が発表しているデータでは、いじめの件数は増えたり減ったりを繰り返していて、特に増えているわけではないことがわかります。

いじめは昔からありました。もちろん私が子供の頃にもありました。ただ、特に問題にされることもなく、件数を調べることもありませんでした。そもそも、子供の数が非常に多く、手が回らなかったというのもあったかもしれません。私が小学生の頃は、生徒の数が多すぎて校舎が足りなくなり、二部授業を行っていました。低学年は午前中、高学年は午後から同じ教室を使うのです。1学級は50人でした。教師の目が十分届かなかったのは、子供としては嬉しかったですけれどね。

いじめが問題になり、社会や学校が何とかしようと取り組み始めています。これだけでも大きな進歩だと私は思います。

豊かなのに幸せを感じられない理由

治安がよく、夜一人で町を歩ける。外国と戦争もしていないし、内戦もテロもない。乳児死亡率は非常に低く、女性は長寿世界一。男性だってかなり長生きできる。こんな幸せな国がほかにあるでしょうか？　幸せだからこそ、長生きできるのではないですか？

このように、一つ一つ事実を追っていくと、日本は決して悪くなっているようには思えません。それでも納得してもらえないこともあります。今の20代・30代の人達は、よくなる前の日本の姿を知りません。なにしろ生まれる前のことです。昔はひどかったということが実感できないのは無理もありません。

すでに発展した後の日本を出発地点にして、「もっといいことがあるのでは？」と期待しています。満足できるラインが、私などとは比べ物にならないほど高いのです。

メディアの報道にも原因があります。

日本中で起きた珍しいことをたくさん集めて報道するのがメディアです。人が当たり前に幸せに暮らしているといった話ではニュースになりません。特別にひどい話や、特別な美談をよりすぐって流します。メディアの伝えることだけを見聞きして、そのまま鵜呑みにしていれば、日本はなんてダメな国なんだと思ってしまいます。

自由な世界のメディアとは、そういうものなのだということを、まず知ってください。マスコミの報道姿勢には問題も多いですが、報道が制限されている世界は、もっと大きな問題を抱えています。

その国の民主主義のレベルは、報道からわかります。殺人事件などの暗いニュースや、政府に批判的なニュースが報道されていれば、その国には民主主義が浸透しています。

社会主義時代のソ連や中国の新聞には、いかに我が国が幸せなのかという記事しか載っていませんでした。北朝鮮では今でもそれを貫いています。自分の国の悪いニュースを知ることができるのは、私たちが自由な世界にいることの証しです。

向上心と「足るを知る」のバランス

世界的に考えれば、日本人はもっと幸せだと感じていいはずです。なのに幸せを感じられない人が多いのは、日本人の向上心にも理由があるのかも知れません。現状に満足せず、常に改善・改良を目指して頑張ってきたからこそ、日本は経済発展を成し遂げました。しかし、どこまでも上を目指そうとする精神性が、常に満足できないというストレスを招いているとも考えられます。

[*1]経済協力開発機構（OECD）は3年ごとに、15歳の学生を対象にした[*2]学習到達度調査（PISA）を行なっています。上位の常連はシンガポールや香港、フィンランドといった国・地域であり、日本の成績は下降気味と報じられています。しかし、1億人もの人口を抱えて、トップクラスの成績を維持している国はありません。都市部に住むひと握りの人間ではなく、多くの国民の平均値が世界的なレベルに達しているのです。

それでも、日本人は、他国より劣っていると不満に感じ、自信をなくしがちです。こうした並々ならぬ向上心を、ほとんどの日本人が持っています。

成功している人を見たとき、羨ましいと思う人とずるいと思う人がいます。ずるいと感じて足を引っ張る人に、向上心はありません。羨ましいと感じて自分も頑張ろうと思う向上心を原動力に、日本は近年の発展を実現してきました。

日本人が幸せを感じられるようになるために、足りないものがあるとすれば、それは「足るを知る」という能力でしょう。日本人は向上心が強すぎるのです。そこで必要なのは、ダライ・ラマ法王がおっしゃるように、心に目を向けることではないでしょうか。

すでに日本人は、十分幸せを感じられる社会を築いてきました。その向上心と「足るを知る」のバランスを取ることができれば、日本人は今以上に幸せを実感できるようになると思います。

かく言う私も、もっといい仕事ができるように、常に勉強して知識を獲得しようと頑張ってしまいます。それでも、一向に満足はできません。どうしたら、「足るを知る」能力を身につけられるのか、頑張って勉強しています、などと言ったら、ダライ・ラマ法王に笑われてしまいそうですね。

＊1　**経済協力開発機構**　1961年に発足した先進工業国の経済協力機構。経済成長・発展途上国援助・貿易自由化の3つを主要目的とする。

＊2　**学習到達度調査**　経済協力開発機構加盟国を中心に3年ごとに実施される15歳の生徒を対象にした学習到達度調査。

東京オリンピックの青い空

２０２０年、東京で再びオリンピックが開催されることが決まりました。原発問題などを抱えながらも開催地に選ばれたのは、やはり日本が国際社会で高く評価されていることの証しでしょう。

私は１９６４年10月10日の東京オリンピック開会式のときのことを覚えています。抜けるような青空でした。開会式のテレビ中継は、ＮＨＫの北出清五郎アナの「世界中の青空を全部東京に持ってきてしまったような、すばらしい秋日和でございます」という名調子から始まりました。

この記憶が残っているため、当時の東京が青く澄んでいたというイメージを持っている人も多いでしょうが、実際には、大気汚染がひどかったのです。東京の空は、開会式の前日までスモッグに覆われていました。しかし、10月９日の夜から開会式当日の朝にかけて豪雨が降ったのです。雨でスモッグが全部流され、当日は、本当に嘘のような青空になりました。翌日からまたスモッグが戻ってきましたが。

オリンピックの直前には、東京の町をきれいにしようという呼びかけがあふれていました。道端にゴミを捨てないように、そのへんでタンを吐かないように、国をあげてキャンペーンが繰り広げられました。つまり、それまでは道端にゴミを投げ捨てたり、タンを吐いたりしていたのです。山手線の各駅にタン壷が置かれました。

今となっては信じられないことですが、鉄道の長距離列車は、トイレの汚水を外に垂れ流していました。「黄害」という言葉がありました。鉄道の沿線の洗濯物に、黄色い斑点がついてしまう公害です。列車が東京都内に入ると「トイレは使わないでください」と車内アナウンスが流れていました。これが前回のオリンピック当時の東京の日常です。

日本は着実によくなっています。生活水準は上がっていますし、治安もよくなっています。海外に行くたびに、日本はいい国だと思います。誇りを傷つけられたり、自信を失ったりするのは、歴史や現状を正しく知らないからではないでしょうか。そして、他国の人たちの誇りを傷つけ、反日感情に火をつけてしまう原因は、日本の姿が正しく伝えられていないことにもあるはずです。

国内の政治がまとまらないときに、外に敵をつくるのは、古今東西を問わず、政治家の常套手段です。日本も中国も韓国も、お互いにそうしています。メディアもその刺激的な論調に乗っかりがちですし、最近ですとネットであっという間にヒートアップします。ネットで他国の悪口を書いていても、何の生産性もありません。ネットという開かれた世界をせっかく手にしたのですから、ぜひ英語を勉強して、英語のブログで日本人として主張してください。でないと日本人にとってネガティブな情報ばかりが、面白おかしく英語で世界中に出回ってしまいます。

ダライ・ラマ法王もしばしば、日本の若者は外に目を向けるべきだと発言しています。

「アフリカ、中南米などに出て行けば、それらの国の発展に大きく貢献できる。大きな心の満足を得られるはずだ」

「それにはまず英語を学ぶことだ。米国の大学に行っても中国人の教授はたくさんいるが日本人教授は見たことがない」（共に2010年6月19日、外国特派員協会での講演）。

実際、韓国や中国の若者のほうが、世界に向けた発信力という意味では勝っているように見えます。

私たち一般の国民は、好き好んで他国と対立したり、戦ったりしたいはずもありません。本当に戦争になったとしたら、真っ先にひどい目にあうのは、政治家ではなく一般人です。おかしな方向に世の中を引っ張っていこうとする動きにまんまと乗せられないためには、まずは事実を正しく知る力を、そして、正しく伝える力を、自分の中に培うことが必要だと思います。

おわりに――経済成長を経た今、必要なもの

幸せな生活を送れるようになるには、経済成長が必要だ。
そう考えて、私たちは一生懸命働き、豊かな社会を築いてきました。
ところが、物質的には豊かになったはずなのに、多くの人々が、十分な幸福感を得ることができずにいます。それは、なぜなのか。ダライ・ラマ法王の言葉から、私たちは多くを学ぶことができます。

「経済的な成長は、ひたすら欲求不満を生み出すばかり」
「諸悪の真の根源とは、実は私たちのあくなき欲望」

法王は、こう喝破《かっぱ》します。

ＥＵの金融危機が世界を巻き込む事態になったのも、「凄まじい欲望の果てに生まれた巨大な経済システムのひずみ」なのです。

こういうときに必要なもの。それは、「内面的な幸福の豊かさ」だと法王は説きます。そのためには、どうすればいいのか。

貧しい国と豊かな国の間にある格差。国内に広がる格差。この不合理を放置していてはいけないと言うのです。つまり、そんな現実の改革にも取り組むべきなのです。

かつては、その解決策がマルクス主義（共産主義）だと多くの人が考えた時代もありました。しかし、「今ではその考えが誤りだったことは、誰もが認めています」。

では、どうすればいいのか。そこから先は、私たち自らが考えなければなりません。

ただし、法王は最終的な目標は指し示しています。それは、次のようなものです。

「私には食べるものも着るものも十分あるし、友達もいる。住む家もある。私は満足しているし、だからとても幸せなんだ」

あなたが、そして世界の人々が、そう思える社会。ここに向けて、何から始めればいいのか。これが、法王から私たちへの「宿題」なのでしょう。

ジャーナリスト　池上　彰　二〇一三年十月

出典一覧

『ダライ・ラマ　平和のメッセージ』ダライ・ラマ法王14世著（ダライ・ラマ法王日本代表部事務所）

『池上彰と考える、仏教って何ですか？』池上彰著（飛鳥新社）

『傷ついた日本人へ』ダライ・ラマ法王14世著（新潮新書）

『幸福と平和への助言』ダライ・ラマ法王14世著、今枝由郎訳（トランスビュー）

『ダライ・ラマ、生命と経済を語る』ダライ・ラマ法王14世・ファビアン・ウァキ著、中沢新一・鷲尾翠訳（角川書店）

『幸せに生きるために－ダライ・ラマが語る15の教え』ダライ・ラマ法王14世著、塩原通緒訳（角川春樹事務所）

『幸福論』ダライ・ラマ法王14世著、塩原通緒訳（角川春樹事務所）

これからの日本、経済より大切なこと

二〇一三年十一月二十二日　第一刷発行

著者　池上彰
ダライ・ラマ法王14世

発行者　土井尚道
発行所　株式会社飛鳥新社
〒一〇一－〇〇五一
東京都千代田区神田神保町三－一〇
神田第三アメレックスビル
電話　〇三（三二六三）七七七〇（営業）　〇三（三二六三）七七七三（編集）
http://www.asukashinsha.co.jp/

印刷・製本　株式会社廣済堂

ISBN 978-4-86410-289-6

編集担当　沼口裕美